ESPAÑOL LENGUA EXTRANJERA

en pragmática

AF274071

Sara Robles Ávila
María Luisa Montero Curiel
Sara Dell'Olmo Robles

Usa este código para acceder al
BANCO DE RECURSOS
disponible en

Ñ digital
ELE

www.anayaeledigital.es

ANAYA ñ ELE

Diseño del proyecto: Milagros Bodas, Sonia de Pedro

© Del texto: Sara Robles Ávila, María Luisa Montero Curiel, Sara Dell'Olmo Robles
© De esta edición: Grupo Anaya, S. A., 2025

1.ª edición 2025

Depósito legal: M-1380-2025
ISBN: 978-84-143-3988-6
Printed in Spain

Coordinación editorial: Milagros Bodas
Edición: Sonia de Pedro
Corrección: Carlos Miranda de las Heras
Ilustración: Pablo Espada
Diseño de interiores: Alfredo Martín, Ricardo Polo
Maquetación: Esperanza Hernández
Diseño de cubierta: Carolina García
Fotografías: 123RF (y colaboradores)
Grabación: Bendito Sonido

Las normas ortográficas seguidas en este libro son las establecidas por la Real Academia Española en su última edición de la *Ortografía*.

PAPEL DE FIBRA
CERTIFICADO

PRESENTACIÓN

Anaya ELE *en* es una colección temática diseñada para aunar teoría y práctica en distintos ámbitos de la enseñanza de español como lengua extranjera. Su objetivo es ofrecer un material útil donde la teoría se combine de forma coherente con la práctica y permita al alumno una ejercitación formal y contextualizada a través de actividades amenas y variadas, teniendo en cuenta siempre el **uso** de los contenidos que se practiquen. Esta colección se inició con un libro dedicado a los **verbos,** un **referente** destinado a estudiantes de todos los niveles.

Anaya ELE *en* es una serie dedicada a la **pragmática,** a la **gramática,** al **vocabulario,** a la **ortografía,** a la **escritura** y a la **fonética,** estructurada en niveles y basada en el *Plan curricular del Instituto Cervantes.*

Esta pragmática **teórico-práctica** parte del **uso** y estructura de forma coherente los contenidos atendiendo a su funcionamiento.

ESTRUCTURA DE LA UNIDAD

Cada unidad consta de las siguientes secciones:

- **¡Fíjese!** Viñetas que anclan los entornos de comunicación de la unidad y donde se presentan algunas de las tácticas y estrategias pragmáticas que en ella se trabajan.

- **Observe y reflexione.** Sección dedicada al análisis de las producciones de los hablantes en contextos reales de uso donde la pragmática interviene de manera determinante. A partir de la observación del funcionamiento de la lengua, el alumno ha de inferir las intenciones que, mediante estrategias y recursos, los usuarios trasmiten para cumplir determinados objetivos comunicativos. Con frecuencia, se aportan fichas para centrar la atención en los fenómenos pragmáticos y así facilitarle al estudiante el proceso de aprendizaje.

- **En uso.** Ofrece oportunidades para el empleo de las tácticas y estrategias pragmáticas presentadas en la unidad en contextos claros de uso mediante un banco de prácticas en contexto, operativas y funcionales, propuestas e intervenciones didácticas eficaces y completas que crean espacios de auténtica comunicación en el aula y posibilitan la transferencia a la vida diaria.

- **¿Qué digo si...?** Presenta una selección de contextos donde el estudiante tendrá que reaccionar de manera adecuada y pertinente, siendo consciente de las implicaciones que tiene la fórmula que vaya a emplear.

En todos los manuales se ofrecen las **soluciones** y las **audiciones** de los ejercicios; de esta forma se constituye en una herramienta eficaz para ser utilizada en el aula o como **autoaprendizaje.**

Anaya ELE en pone al alcance del estudiante de español como lengua extranjera un material de trabajo que le sirve de complemento a cualquier manual.

ÍNDICE

PRAGMÁTICA C1-C2

UNIDAD 1. *A la sopa le falta una pizca de sal* **12**

Pedir y dar opinión (entrevista). Pedir y dar una valoración. Dar una orden atenuada/encubierta. Dirigirse a alguien. Enunciados exclamativos con valores pragmáticos. Valores del pretérito imperfecto de indicativo. Sustantivos para indicar una porción mínima o muy pequeña. Deixis personal (plural mayestático, inclusivo, sociativo y de modestia). Cortesía (I).

A ver qué te parecen… ¿Cuál es tu postura? ¿Y tú qué piensas de…? ¿Es usted de la opinión de…?

Me da la sensación de que… Lo que está pasando es… A mi entender, …

¿Serías tan amable de…? ¿Sería mucho pedir…?

¡Qué inteligente que eres! ¡Cuánto idiota hay por ahí suelto! ¡Cómo eres de divertida!

¡No tenía ni idea! ¿Pero tú no venías solo? ¡No te tocaba hoy cocinar! Hoy hablaba la víctima de los abusos.

Una pizca, una pizquita, un pellizco, una migaja, un pelín, un puñado…

A ver si nos callamos. Me temo que hemos metido la pata…

UNIDAD 2. *Lo loco que está Marcelo* **26**

Intensificaciones y expresiones de refuerzo, metáforas e ironía. Valor enfático del artículo definido. Expresiones de sorpresa e incredulidad. Distintos usos pragmáticos de los sufijos diminutivos. Metáforas (I). Ironía (I).

La casa que tiene… Lo cara que es esta casa… La tira de cuadros que aún hay que comprar… Es que tienes una barbaridad de problemas… Tengo mogollón de trabajo.

¡Hala! ¡Anda! ¡Madre mía! ¿Pero qué me estás contando? ¡No me digas!

El perro es bien bonito. Marta es la mar de simpática. Son un encanto de niños.

Es solo un detallito. Te invito a un cafelito. ¡Qué graciosilla la chica! ¡Vaya diíta!

Está que arde la jefa. Mi suegra es de armas tomar. Esto es un martirio.

UNIDAD 3. *¿A qué viene tanta risa?* **38**

Pedir y dar información. Pedir confirmación y confirmar. Enunciados de intensificación. Solicitar que comience un relato y reaccionar ante él. Controlar la atención del interlocutor. Enunciados interrogativos. Ironía (II).

¿A qué viene…? ¿Me dice si…? Disculpe si soy indiscreto, pero… ¿Cómo es eso? ¿A santo de qué…? ¿Dónde diablos…? Corre el rumor de que…

No te quepa la menor duda de que… Así es. Que sí / Que no. Efectivamente.

No es que esté lloviendo, es que está diluviando. Y tanto que…

Cuenta, cuenta. A ver, … Sigue, sigue. ¿Me sigues? Por cierto, ¿qué fue de…?

¿Que si me gusta…? ¿Pasa algo si…? ¿No podrías haberme pedido ayuda?

¡Mira que eres simpática! Anda el listo… Para lo que hay…

UNIDAD 4. *¡Ni lo sueñes!* **50**

Pedir permiso. Dar permiso con y sin objeciones. Denegar permiso. Disculparse y aceptar una disculpa. Expresiones enfáticas (I). Desplazamiento pronominal de la 2.ª persona del singular / plural. Atenuación del acto amenazador a través de un desplazamiento temporal. Cortesía (II).

¿Sería mucha molestia si…? ¿Pasa algo si…? ¿Tiene inconveniente en que…?

Eso ni se pregunta. Si no hay más remedio… Pero que no sirva de precedente.

¡Ni pensarlo! ¡Ni se te ocurra! ¡Vas tú listo/a! Lamentablemente, no puede ser.

Disculpe, no me había dado cuenta. ¡Que tu jefe te ha despedido!

A ver si nos vamos ya a la cama. Hola, pareja, ¿qué hay? Este coche está abollado.

¿Podrás ayudarme a colocar los libros? ¿Me habías preguntado algo?

UNIDAD 5. *¡La de barbaridades que dices!* **64**

Pedir un favor de forma atenuada. Aceptar una petición. Responder a un agradecimiento. Expresiones enfáticas (II). Metáforas (II). Anteposición del adjetivo. Valores pragmáticos de tiempos verbales (I). Advertir y amenazar.

¿Sería tan amable de…?

Faltaría más. A mandar. No se merecen. Nada, hombre / mujer. No es nada.

¡La de mentiras que dice! Eres pero que muy golosa.

El flan está de miedo. Alberto está hecho una fiera. Este niño está para comérselo.

Bonito traje llevas… / Llevas un traje bonito.

Mira, ya llegaron. ¿Será listo este chico? No pensarías que yo te estaba escuchando, ¿verdad?

Tú verás. Me las pagarás. Esto no va a quedar así.

UNIDAD 6. *Con el corazón en un puño...* **76**

Expresar aprobación y desaprobación. Posiciones a favor / en contra. Expresar miedo, ansiedad y preocupación. Expresiones para prohibir y rechazar una prohibición. Ironía (III): mentiras metafóricas. Imperfecto por condicional.

Haces bien. No tengo nada que objetar. No cuentes conmigo. No consiento que me hables así. No estoy dispuesto/a a tolerar esos hechos.
Estoy aterrorizado/a. Menudo susto. Me agobia viajar solo. Tengo el corazón en puño.
Queda terminantemente prohibido fumar en el centro de mayores.
Digas lo que digas, lo haré. Sí, claro, porque tú lo digas.
Bonita forma de responder. Qué mal se explica: se expresa como un libro abierto.
Si tuviera canas, me teñía el pelo.

UNIDAD 7. *Lo que diga ese tipo me importa un pimiento* **88**

Distintas formas para atenuar. Eufemismos. Aconsejar. Expresar desacuerdo rotundo. Verbos con doble participio. Imperativo y presente de indicativo con valor de mandato.

No, no es exactamente eso, es que... Bueno, no te creas. Sin ánimo de contradecirte, ...
Hombre, tan mal, tan mal no está. No sé, la verdad es que yo no diría eso.
Daría la vida por ti. No faltes a la verdad. Hablan de una reducción de personal.
Esta audioguía es para invidentes.
Lo más recomendable es que... Yo que tú me iba a otro médico.
Venga ya. Lo que dices no se sostiene. ¡Para nada! Anda que no.
Freído / Frito. Imprimido / Impreso. Proveído / Provisto.
¡Andando! ¡Marchando! Vienes y me cuentas.

UNIDAD 8. *No he visto cosa igual* **98**

Expresar negación (explícita, velada, irónica, con refuerzo). Rechazar una propuesta, ofrecimiento, invitación. Valores pragmáticos de tiempos verbales (II). Fórmulas de cumplidos, halagos y piropos. Expresar un contraargumento.

No, si no digo que no, pero... No, no es que no quiera, es que... Ya, ya, que te crees tú eso. No he visto cosa igual. Me importa un pimiento.
Me es / resulta imposible. Ni hablar. Ni pensarlo. Para cocinar estoy yo.
¡Será listo! ¿No se habrá olvidado de nada? Hace un momento que Juan salió.
¡Qué linda ella, con ese fular verde! ¡Qué simpático él!
Bueno, cantar, cantar, no es que sea un tenor.

UNIDAD 9. *Tengo la corazonada de que…* **110**

Expresar falta de certeza. Responder a una orden, petición o ruego con
o sin reservas. Perífrasis verbales y valores de las formas no personales.
Valores del imperativo. Metáforas (III).

Tengo la corazonada de que… Me da a mí que… Me da la impresión de que…

Sintiéndolo mucho, no puedo… Sin problema. No hay más que hablar. ¡A mandar!

Si no queda otro remedio. Me temo que no. ¡Por nada del mundo! De eso nada.

*¿Cotillear yo? Beber tanto es un riesgo. ¿Cantando yo en un karaoke? Corriendo
a tu habitación. ¿Desilusionada yo?*

Tú suspende y ya verás. Mira qué bien. Mira que no traerte el móvil.

*Ser un(a) lince. Ser un(a) fiera. Morir de risa. Morir de aburrimiento. Tomar el pelo
a alguien.*

UNIDAD 10. *¿Me puedes echar un cable?* **122**

Ofrecerse para hacer algo. Pedir ayuda de manera atenuada y encubierta.
Pedir objetos de manera encubierta. Intensificación y refuerzo.
Metáforas (IV).

*¿Quieres que te eche una mano / un cable? ¿Te las apañas tú solo/a? ¿Sería mucho
pedirte que…? Si me pudieras traer…*

Que no, que no… Que sí, que… ¡Y que lo digas! ¡Lo que hay que oír!

*No está el horno para bollos. Está como una cabra. Luis se enrolla como una
persiana.*

Aquí no cabe ni un alfiler. Es una mujer de hierro.

INTRODUCCIÓN

Esta *Pragmática* es un material para la enseñanza de ELE singular y sin precedentes, dedicado prioritariamente a reflexionar sobre contenidos de naturaleza comunicativa en el amplio sentido conceptual del término, que imbrica aspectos lingüísticos de los distintos niveles de la lengua con otros de rango superior, como los culturales, los funcionales, aquellos que atienden a distintos actos de habla y a diferentes situaciones de comunicación, normas, usos y costumbres de actuación social.

Esta serie de pragmática nivelada trata de satisfacer una demanda, prolongada en el tiempo, por parte del profesorado y el alumnado: la atención al uso comunicativo de la lengua, la observación de aspectos del currículo de ELE en los que la pragmática ejerce una presión significativa, muchas veces invisibilizados –o, cuando menos, escasamente atendidos– y que se trasmiten mediante recursos, estrategias y tácticas de especial interés o dificultad, sin los que no se puede garantizar una comunicación eficaz y precisa de los estudiantes de ELE: cuestiones fundamentales en nuestro mundo global, como son la adecuación cultural, la cortesía lingüística, el uso operativo y funcional de las producciones de los hablantes para evitar desajustes no tanto informativos como de conducta lingüística esperable, lo que sin duda atenta contra la imagen del hablante y puede agredir la imagen del oyente en el acto de comunicación.

Así pues, palabras como adecuación, pertinencia, conveniencia, conducta lingüística esperable, operatividad, foco en el significado y en el sentido de las producciones verbales, y foco en la forma, como portadora de significados y sentidos, van a resultar términos clave más allá de la pura corrección lingüística.

Este libro de pragmática es un complemento perfecto para cualquier manual de ELE –o para otros materiales que emplee el docente en sus clases–, ya que, por la practicidad y funcionalidad de sus contenidos y de sus propuestas, supone un soplo de aire fresco en la docencia de ELE, al ofrecer al alumnado escenarios de la vida cotidiana con modelos de los intercambios comunicativos que se producen en ellos.

Nuestro objetivo es abrir puertas y ventanas a la comunicación del estudiante de ELE, para lo cual planteamos contenidos de diversa naturaleza (gramatical, léxica, fonética, prosódica, funcional, cultural, etc.) que el alumno debe aprender para hacer sus producciones verbales, además de correctas, adecuadas y pertinentes, responsables y consecuentes con lo que él mismo, como individuo independiente, quiere expresar, siendo consciente del poder de la palabra o la construcción que selecciona entre distintas posibilidades a las que este libro lo expone.

Partiendo de los repertorios de contenidos dispuestos para los seis niveles de referencia en el *Plan curricular del Instituto Cervantes*, en esta *Pragmática* se analiza el tratamiento de la variación de significado y, más aún, de sentido de las interacciones comunicativas en función de las intenciones de los hablantes, de los contextos de uso, de la finalidad de los intercambios, etc.; se presta una atención cuidada a la funcionalidad y a la intención que imprimen los hablantes a las producciones dependiendo de quién sea el interlocutor, dónde se produzca el intercambio, con qué propósito, etc.; así, los estudiantes podrán detectar las implicaciones pragmáticas, las variaciones en el significado y en el sentido de lo que decimos dependiendo de cómo lo decimos a partir de la confrontación de diferentes producciones, todas ellas correctas, pero que soportan valores, implicaturas y usos contextuales diferenciados. Para ello, se atiende a cuestiones ritualizadas culturalmente, rasgos de la idiosincrasia de nuestra cultura (especialmente, la peninsular), protocolos de comportamiento y de interacción, etc., escenarios donde la cultura, la pragmática y, en suma, la comunicación, se colocan en el centro del aula. No obstante, este material también puede ser empleado para el trabajo autónomo del alumno pues, junto a fichas conceptuales, se ofrecen las soluciones y los audios en los recursos digitales.

Este manual, gracias al material auditivo que ofrece, permite presentar significados pragmáticos a través de la prosodia, además de aportar una fuente excelente para captar matices en el discurso.

Esta serie de pragmática se concibe desde el punto de vista metodológico como un recurso facilitador de la comunicación dependiendo del nivel de competencia que posea el alumno de ELE. Para ello, proponemos tres libros organizados por parejas de niveles: Nivel A (para A1 y A2), Nivel B (para B1 y B2) y Nivel C (para C1 y C2). La arquitectura de cada libro se construye sobre unidades didácticas con una estructura fija, que permite establecer desde el inicio una hoja de ruta clara y sostenida a lo largo de todo el proceso de aprendizaje, desde el nivel A1 al nivel C2.

En definitiva, este libro de pragmática potencia la capacidad de análisis y reflexión sobre los usos lingüísticos y ofrece al estudiante un abanico de posibilidades, para que las utilice de la manera más apropiada al espacio de comunicación en el que se desenvuelva en cada momento.

Las autoras

Pragmática

TEORÍA Y PRÁCTICA

A la sopa le falta una pizca de sal

 **FÍJESE!**

(01)

¡Cómo huele de bien! ¿Qué cocinas?

Carrilleras al vino tinto, receta de Karlos Arguiñano. Pruébalas, **a ver qué te parecen**.

Mmm, pero **¡qué buenas que están!** Eso sí, **me da la sensación de que** están **un pelín** sosas.

Eso tiene solución, ahora echo **una pizquita** de sal.

Oye, ¿y **tú qué piensas del** uso del móvil en las aulas?

Bueno, **entiendo que** es una herramienta útil si se emplea bien. ¿Y **cuál es tu postura**, Marta?

Pues que **lo que está pasando es un bochorno**. Los alumnos están más pendientes de los móviles que del profesor. Yo los prohibiría.

Al parecer, hoy estudiaban el tema en el ministerio. Ojalá tomen alguna medida eficaz.

¡Más nos vale!

OBSERVE Y REFLEXIONE

1 Observe los diálogos del *¡Fíjese!* y complete la tabla con las estructuras correspondientes.

Pedir una opinión	Dar una opinión
_____	_____
_____	_____
_____	_____
_____	_____

2 En los diálogos anteriores aparece un tiempo verbal en un uso no esperable, ¿cuál?, ¿por qué cree que se usa?, ¿en qué se diferencia del tiempo canónico?

_____

_____

3 ¿Sabría interpretar el sentido de la expresión *¡Más nos vale!*?

_____

_____

4 Lea los diálogos y anote qué expresiones de valoración le resultan más contundentes y cuáles menos.

Diálogo 1

> José, ¿estimas que el proyecto del nuevo parque es viable?

< Entiendo que sí, pero habrá que oír la voz del resto de arquitectos.

Diálogo 2

> Mari Carmen, ¿a ti te parece que has actuado bien ocultándonos la información?

< A mi entender, sí. Siento si os ha molestado.

Diálogo 3

> Perdone, profesor, ¿ha terminado usted la revisión de mi trabajo fin de estudios?, ¿me da ya su visto bueno?

< Aún no lo he terminado de leer, pero por ahora me parece estupendo tu trabajo.

◀◀◀

Diálogo 4

> ¿Es usted de la opinión de que los españoles somos un pelín vagos o diría que gestionamos bien los momentos de ocio con el trabajo?

< Yo estimo, señor Fernández, que ustedes, los españoles, trabajan para vivir; en cambio, otros pueblos viven por y para trabajar.

Diálogo 5

> Doctor Vega, ¿aprobará usted mi operación?

< Si usted logra adelgazar 30 kg en los próximos dos meses, aprobaré su operación de reducción de estómago. De lo contrario, habrá que esperar.

Diálogo 6

> Chicos, ¿qué os parece si vamos organizando un viaje a las Canarias?

< ¡Me parece de perlas! ¡Cómo vamos a pasarlo de bien!

Expresiones MENOS contundentes	Expresiones MÁS contundentes

5 Seleccione en los diálogos del ejercicio anterior las fórmulas para pedir opinión. Anótelas e indique cuáles le resultan más coloquiales y cuáles más formales.

Fórmulas para pedir opinión	

6 Complete con *una pizca, un pellizco, migas, un puñado* o *un pelín,* según convenga.

1. Limpia bien la mesa, que hay _____ de pan.

2. Necesito _____ de agua para tomarme una pastilla.

3. He comprado _____ de tomates *cherry*.

4. Se me ha caído el bizcocho al suelo y viene hecho _____ .

5. ¡No te pases, por favor!, que te he dicho solo _____ de pimienta molida.

6. En el bizcocho, aunque sea dulce, debes echar _____ de sal, lo pone en la receta.

7. Tranquilos, nenes, ya solo falta _____ para llegar al hotel.

8. Toma, coge _____ de caramelos de menta, que están muy ricos.

Sustantivos que indican 'porción mínima o muy pequeña de algo', usados con frecuencia en el ámbito culinario:

- *Una pizca, una pizquita* (normalmente de producto en polvo) *de sal, de azúcar, de harina, de azafrán…*
- *Un pellizco* (con frecuencia también producto en polvo) *de sal, de azúcar, de canela...*
- *Una migaja, una miaja* (normalmente se aplica solo al pan, bizcocho o similares).
- *Un pelín* (el de uso más amplio): *café con un pelín de leche, echa un pelín de harina* e incluso *Sube un pelín la radio, que no oigo nada.*
- *Un puñado, un puñadito* (lo que cabe en un puño) *de nueces, almendras, pistachos…*

7 **Lea estas intervenciones y responda a las preguntas. Después plantee situaciones posibles para cada enunciado.**

1. ¡Fuera de mi vista, imbécil!

2. Espera, no cuelgues el teléfono, que ahora seguimos hablando.

3. Salga inmediatamente de mi despacho. ¡Ahora mismo!

4. ¿Sería mucho pedir que dejaras de comer patatas fritas? ¡Es que vas a explotar!

5. Ya estás organizando unas buenas vacaciones, acaba de tocarme un pellizco del gordo.

6. Oye, ¿podrías acercarme en tu coche al centro? Es que tengo el mío en el taller.

7. ¡Ese móvil, por Dios, te vas a volver loco!

8. ¿Sería tan amable de prestarme un euro para el autobús?

9. Te ordeno que remates el informe, Javier; debemos tenerlo para esta tarde y nos van a llamar la atención.

10. ¿Por qué no te callas?

11. La traducción, para mañana.

12. Vosotras os vais ahora mismo a la cama y sin rechistar.

a) ¿Cuál de las órdenes le resulta más fuerte? _____

b) ¿Y cuál de las órdenes ve más atenuada y suave? _____

c) ¿Podría organizar cada una de las órdenes de los enunciados anteriores según su intensidad?

+ fuerte ————————————————————————————— **– fuerte**

8 Transforme los enunciados en fórmulas valorativas ponderativas utilizando distintas estructuras del cuadro.

1. El fútbol es un deporte muy popular en España.

_____

2. La situación laboral de Paco resulta escandalosa.

_____

3. El parque de atracciones PortAventura está lejos de mi casa.

_____

4. Pasamos muchos momentos divertidos en las vacaciones. ¡Cómo nos reímos!

_____

5. Me asignaron un trabajo muy tedioso.

_____

6. Haciendo senderismo Rafa llegó hasta el pico más alto.

_____

7. Montserrat Caballé fue una reconocida soprano española.

_____

8. En el mundo de la política sigue habiendo mucho machismo.

_____

> **Enunciados exclamativos que pueden aportar diferentes valores y matices:**
>
> **Qué** + adjetivo + _que_ = ponderativo: _¡Qué inteligente que es esta chica!_
>
> **Cómo** + verbo + _de bien / de mal_ = ponderativo de intensidad o valoración: _¡Cómo huele de bien!_
>
> **Cómo** + verbo copulativo + _de_ + atributo = ponderativo: _¡Cómo son de divertidos estos señores!_
>
> **Cuánto / cuánta / cuántos / cuántas** + adjetivo valorativo o evaluativo = exclamativo-ponderativo de cantidad: _¡Cuánto idiota hay suelto! ¡Cuántas admiradoras tiene!_
>
> **Dónde** + _no_ + verbo = valor ponderativo o enfático: _¡Dónde no subiría que se cayó...!_
>
> **Cuán** + adjetivo o adverbio (registro literario y muy culto) = enfático o ponderativo: _¡Cuán lindo me lo pintas! ¡Cuán rápido te enamoras! Me pregunto cuán tarde llegaría._

9 Escuche y subraye las órdenes/peticiones que se formulan.

(02)

Edu: Oye, cariño, ¿podrías acompañarme al dentista? Es que ya sabes que me da pánico y no me atrevo a ir solo.

Inés: Jo, cielo, es que tengo clase de guitarra y me sabe mal faltar. Díselo a tu madre, igual ella puede y te acompaña.

Edu: Es que prefiero ir contigo, Inés, ¿no puedes hacerme ese favor y faltar hoy a tu clase?

Inés: Pues no, Edu, lo siento, yo siempre voy sola al dentista, haz tú lo mismo.

Edu: ¡Qué morro que tienes! Pídeme algún favor en el futuro, que ya verás…

Inés: ¡Déjame en paz, tío! Es que siempre te estás picando…

Edu: Vaya. Yo creía que podía confiar en ti, pero ya veo que no.

Inés: ¡Qué victimista que te pones por una tontería!

Edu: Mira, déjalo ya, ¿eh? Voy solo y punto.

Inés: Pues hala, ya estás tardando.

10 Subraye los vocativos del diálogo anterior. A veces usan *cariño, cielo* o *tío,* y en otros casos *Edu* e *Inés.* ¿Qué indica esta diferencia en las fórmulas de tratamiento?

11 Lea esta entrevista y marque las estructuras que utiliza Ana Mirás para expresar su opinión y valoración sobre el ocio y el tiempo libre.

Inicio > Entrevista

Vivir del tiempo libre, entrevista a una monitora

Por Carla Iglesias

Ana, ¿cuánto hace que te dedicas al ocio y tiempo libre-educación no formal? ¿En qué áreas?

En tiempo libre llevo algo más de 10 años. Campamentos con pernocta y urbanos, colegios…

¿Qué es el ocio y tiempo libre para ti?

A mi entender, el tiempo libre es un momento de aprendizaje mientras jugamos.

¿Dirías entonces que el ocio y el tiempo libre en los niños deben ser dirigidos? ¿Eres de la opinión de que la sociedad da a esta labor el lugar que merece?

Sí, sí, claro, el ocio en los niños debe ser dirigido, pues los objetivos son específicos para cada área que queremos trabajar. Con respecto al lugar que merece, la sociedad lo entiende como asistencial más que educativo.

¿Qué cualidades estimas que debe tener un monitor?

Yo entiendo que debe tener pasión por la educación y que ha de ser alguien comunicativo para transmitir aprendizajes enriquecedores, sociables, empáticos y pacientes.

En el ocio y tiempo libre trabajamos con y para personas diversas. ¿Cuál es tu opinión sobre el aspecto social de esta profesión? y ¿cuál es tu postura sobre el trabajo en equipo?

En mi humilde opinión, saber trabajar en equipo es fundamental para poder desarrollar una buena labor de ocio y tiempo libre. Sería penoso que el equipo no transmitiera diversión y pasión al grupo de personas que asiste a las actividades; eso, a mi juicio, sería un fracaso.

¿Qué es lo que más y lo que menos te gusta de tu profesión y de tu día a día?

Me encanta mi profesión, disfruto cada hora que comparto con niños y niñas y consigo que aprendan algo nuevo que enriquecerá su vida y que los hará felices. No hay nada que no me guste de mi trabajo, pues soy de la opinión de que si algo no te gusta debes abandonarlo.

¿Qué le dirías a una persona que quiere ser monitor?

Que se forme todo lo que pueda; es un trabajo muy agradecido y, a mi entender, puede hacer que los aprendizajes lleguen a muchos niños y ahí plantar una semillita para que podamos dejar una sociedad mejor.

A los que vivimos del tiempo libre también nos gusta disfrutar del ocio que nos queda, ¿qué le gusta hacer a Ana Mirás en su tiempo libre?

Pues… A Ana Mirás le gusta la naturaleza, hacer rutas de senderismo, pasear cerca del mar, nadar, leer, escuchar música… Me da la impresión de que ocio y trabajo van de la mano.

(Adaptado de: https://escuelamentora.com/vivir-del-tiempo-libre-entrevista-a-una-monitora/)

12 Complete la tabla con las fórmulas correspondientes.

PEDIR OPINIÓN (PERIODISTA)	DAR OPINIÓN (ANA MIRÁS)

13 Observe la última pregunta de la entrevista anterior. ¿Qué opina de que la entrevistadora y Ana Mirás empleen la tercera persona del singular?

_____

14 Ahora, en parejas, comenten qué prefieren hacer en su tiempo libre. Utilicen las fórmulas adecuadas para pedir y dar opinión.

15 Lea los diálogos e identifique los valores del imperfecto de indicativo.

1. > ¡Anda, venías hoy! Si me dijo tu hermano que hoy te ibas a esquiar. _____
   < Pues mira, al final no he ido por el mal tiempo.

2. > ¿Cómo se te ocurre dar chocolate al perro?
   < ¡Y yo qué sabía que es alérgico! _____

3. > ¿Qué dicen en la radio?
   < Que esta misma semana liberaban por sorpresa a los secuestrados. _____

4. > Eva, he visto a tu hermana muy seria, ¿qué le pasa?
   < Anda, ¿no lo sabes? Pues que mi sobrino se casaba el mes que viene, pero se ha enfadado con su novia y han suspendido la boda. _____
   > ¡Ay, por Dios, no sabía nada, menudo disgusto!
   _____

5. > ¡Qué hartita estoy de guitarra!
   < Lo siento, no sabía que te molestara tanto.
   _____
   > Si tocaras bien…

6. > ¿Qué haces tumbado en el sofá? ¿No ibas a ayudarme con el proyecto? _____
   < Quería ayudarte, pero tengo una jaqueca… _____

> **Otros valores del pretérito imperfecto de indicativo:**
>
> **a)** Excusa: _¡No tenía ni idea!_
>
> **b)** Sorpresa: _¿Pero tú no venías solo?_
>
> **c)** Censura: _¿No te tocaba hoy cocinar?, ¿qué haces aquí?_
>
> **d)** Estilo indirecto implícito, con marcador temporal de presente o futuro (también propio del estilo periodístico): _Esta tarde había un concierto, pero el pianista está enfermo. / Esta mañana la reina anunciaba su abdicación._

16 Relacione ambas columnas, después escuche la audición y responda a las preguntas.

(03)

1. Esta ensalada que has preparado está bastante sosa, ¿no?	**a)** Pues sí, nos hemos comprado un chalé. Así que espero que no me despidan.
2. Me encuentro fatal desde el accidente, no sé qué hacer.	**b)** Y sin más dilación se despide atentamente.
3. El abajo firmante da fe del asunto.	**c)** Juan Fernández decidirá qué es lo mejor para su empresa.
4. ¿Qué postura tomará usted ante el asunto?	**d)** ¡No vuelvas a hablar así a tu madre, que bastante tiene con mantenerte!
5. ¡Que me dejes en paz! ¡Que no te soporto!	**e)** Ya sabes que me tienes a tu entera disposición para lo que necesites.
6. Oye, me han dicho que te mudas a una buena casa.	**f)** Pues vaya, entonces nos hemos quedado cortos de sal.

a) ¿Encuentra algún enunciado en el que el hablante quiera mitigar su responsabilidad? Si es así, ¿qué fórmula utiliza?

_____

b) ¿Y en algún diálogo ha visto un plural de modestia?

_____

c) ¿Quién puede pronunciar la oración d)?

_____

d) ¿En qué registro diría: «Y sin más dilación se despide amablemente»?

_____

e) Por último, ¿cuál de los diálogos le resulta el más formal? ¿Y el más coloquial?

_____

17 Los siguientes enunciados están en 1.ª persona del singular. Transfórmelos para atenuar el papel del hablante e indique qué tipo de plural emplea.

> **Uso de la 1.ª persona del plural en lugar de la del singular:**
>
> a) **Plural mayestático:** se usa para demostrar su poder frente al oyente. Se llama así porque era muy utilizado por reyes (majestades) y nobles: *Hemos decidido concederle la medalla al mérito del trabajo* (dicho por la persona que toma la decisión).
>
> b) **Plural inclusivo:** se emplea para atenuar la intromisión en el espacio del oyente: *A ver si nos callamos* (dicho por un docente en una clase).
>
> c) **Plural sociativo:** para eludir parte de la responsabilidad individual ante un hecho: *Me temo que hemos metido la pata* (dicho por la persona que se ha equivocado).
>
> d) **Plural de modestia:** lo usa una persona con la intención de no darse importancia, por una cuestión de humildad: *Como joven emprendedor, hemos recibido hoy una felicitación de la Casa Real* (dicho por el joven emprendedor).

1. Estoy muy orgulloso del trabajo de la selección española femenina de fútbol.

_____

2. Te voy a pinchar ahora la anestesia. ¿Estás preparado para que te saque ya esa dichosa muela?

_____

3. Creo que he elegido el atajo equivocado. _____

4. Dijo el presidente del Senado: «Estoy tranquilo porque la crisis ha superado el peor momento».

_____

5. La investigación que he desarrollado ha dado como fruto un descubrimiento crucial para la humanidad.

_____

6. La ministra de Sanidad: «Aconsejo a la población que se ponga la mascarilla en época de mucha gripe».

_____

7. La verdad es que he luchado mucho por la medalla de oro, pero al final, con esfuerzo, la he conseguido.

_____

8. > ¿Cómo estás? _____

< Estoy bien, ¡gracias! _____

9. > ¿Qué tal te ha salido el examen de Física?

< Pues no muy bien. La verdad es que no estudié mucho. _____

EN USO

18 Aporte una opinión con estructuras adecuadas en las siguientes situaciones.

1. **Dos amigos en un bar:** ¿Qué opinas de la última película de J. A. Bayona?

_____

2. **Compañeros al salir del trabajo:** ¿Qué te parece lo que nos ha ordenado hacer nuestro jefe?

_____

3. **Un alumno a su profesor de español:** A su juicio, ¿cuál es el idioma más difícil que conoce?

_____

4. **Dos cocineras:** Entonces, ¿dirías que la mejor comida española es la paella?

_____

5. **Una periodista entrevistando en la calle:** ¿Cuál es su postura respecto a la explotación laboral infantil?

_____

6. **Pregunta a un alto cargo:** ¿Estima usted que las oposiciones para judicatura deben convocarse de inmediato? _____

19 Dé órdenes en estas situaciones teniendo en cuenta al interlocutor.

1. A su hijo para que ordene la habitación.

_____

2. A un funcionario para que agilice los trámites para renovar el DNI.

_____

3. A los alumnos para que guarden silencio en clase.

_____

4. A un camarero desconocido para que te ponga un pelín de leche fría en el café.

_____

5. A un mecánico amigo que debe arreglar tu coche.

_____

6. En el teatro, antes de la función, al público para que apague los móviles.

_____

20 **Reaccione con enunciados exclamativos y ponderativos que se adapten a las imágenes.**

 A _____

B _____

 C _____

D _____

21 Su jefa le ha escrito un correo recriminándole que no ha entregado una tarea a tiempo. Respóndale con cortesía, pero mostrando su sorpresa ante el enfado, excusándose por lo sucedido e implicándola en la responsabilidad de lo ocurrido.

↩ Responder | → Reenviar | 🗄 Archivar | 🔥 No deseado | 🗑 Eliminar | Más ⌄

Para:

De:

Asunto:

22 Complete el texto con las siguientes expresiones.

| Más nos vale | Estamos orgullosos de | Una pizca | A mi juicio |

| Somos de la opinión de que | Dirías que | En mi modesta opinión |

¿_____ la integración efectiva de ocio y trabajo puede conducir a una vida más satisfactoria? _____ la incorporación consciente del ocio mejora la eficiencia en el trabajo. Hasta ahora, las investigaciones respaldan la idea de que el ocio bien gestionado contribuye a un rendimiento laboral mejor.

La dicotomía entre ocio y trabajo es más que un dilema; es una oportunidad para repensar nuestra relación con el tiempo y la productividad. _____, la integración equilibrada de ambas esferas puede ser el camino hacia una vida laboral más saludable y enriquecedora. _____, el ocio y el trabajo no son opuestos, sino aliados en la búsqueda de una vida plena. Y _____ explorar este fascinante vínculo que, de manera inevitable, influye en nuestra calidad de vida, pues incluso _____ de tiempo dedicado a actividades recreativas puede tener un impacto significativo en la productividad y en el bienestar. En ocasiones, sí _____ observar cómo algunas organizaciones reconocen esta conexión intrínseca entre ocio y trabajo, ya que el ocio bien empleado puede potenciar la creatividad y la resiliencia.

23 Reaccione ante los siguientes enunciados, según se indica.

I. ¡Por fin he llegado! ¡Ni imagináis el atasco que había en la carretera!

(Reaccione con sorpresa)

_____

2. > ¡Qué seria te encuentro!, ¿qué te pasa?

< ¡Que mi marido ha tenido un accidente laboral y ni me has llamado!

(Reaccione con una excusa)

_____

3. ¿Qué pasa con Julia Roberts?, ¿qué dice la prensa?

(Reaccione en estilo indirecto implícito con marcador temporal de presente)

_____

4. ¡Bueno, familia, me largo a las playas de Ibiza!

(Reaccione con valor de censura)

_____

5. Oye, guapo, ¿y tú qué haces todavía en la cama?

(Reaccione con excusa)

_____

24 En plenaria, dé su opinión sobre las siguientes afirmaciones.

a) El trabajo hace el talento.

b) El trabajo dignifica y robustece, el ocio envilece.

c) Quien trabaja en la juventud tendrá que comer en la senectud.

d) Con el trabajo se compra el descanso.

e) Los ratos de ocio son la mejor de todas las adquisiciones.

¿QUÉ DIGO SI...?

1. Le piden su opinión sobre la energía eólica:

_____

2. Pide a sus hijos, de manera contundente, que no coman tanta chuchería:

_____

3. Pide a sus colegas del Departamento de Física Nuclear de México que le den su opinión sobre la radiación de los teléfonos móviles:

_____

4. Se aloja en un hotel y después deja en la página web su valoración ponderativa sobre el mismo: _____

5. Ve que ha llegado muy rápido un abrigo que pidió por internet. Expresa su sorpresa con el imperfecto de indicativo: _____

6. Ha conseguido un buen puesto de trabajo, se lo cuenta a sus amigas con modestia:

_____

7. Ordena a su jefe, de manera atenuada, que no fume en la terraza, que le molesta el humo del tabaco: _____

8. Se ha saltado un semáforo en rojo, se da cuenta y quiere mitigar su responsabilidad; así que se lo comenta a su compañero, que está sentado a su lado:

_____

9. Solicita opinión a un colega sobre un curso de pilates:

_____

10. Se dirige a su pareja con un vocativo cariñoso para pedirle que le eche un poco de azúcar en su café: _____

2 Lo loco que está Marcelo

FÍJESE!

(04)

Enhorabuena por tu nueva nietecita, Lola.

Muchas gracias, la verdad es que no esperábamos que se adelantara y se ha presentado **de sopetón**... **Es la mar de** bonita.

Ay, te entiendo, yo también pierdo la cabeza con mis peques Juanito y Carmencilla. Son **bien** preciosos...

Sí, y además son **un encanto de** niños.

Hola, ¿se puede saber qué te pasa?

Sí, hijo, ¿por qué tienes esa cara?

Uf, pues que además del **mogollón** de trabajo en la ofi no me encuentro nada bien.

¡No me digas!

Sí, toda la mañana **corre que corre**, de una cosa a otra sin parar.

OBSERVE Y REFLEXIONE

1 Después de leer los diálogos, ¿cree que los hablantes utilizan un registro formal o familiar?, ¿por qué?

_____

2 En los diálogos del *¡Fíjese!* aparecen palabras y expresiones que intensifican la información. Señálelas y explique cómo están construidas.

3 Transforme los diálogos del *¡Fíjese!* con un estilo menos coloquial.

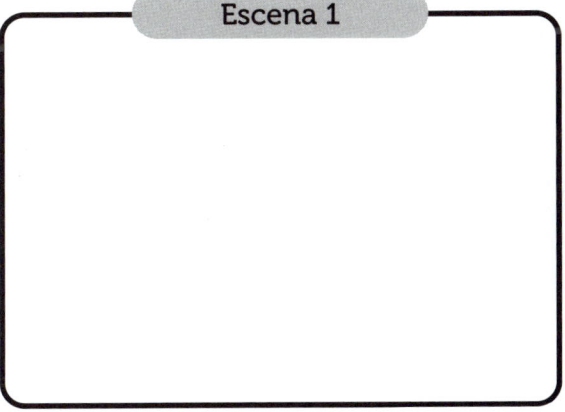

Escena 1

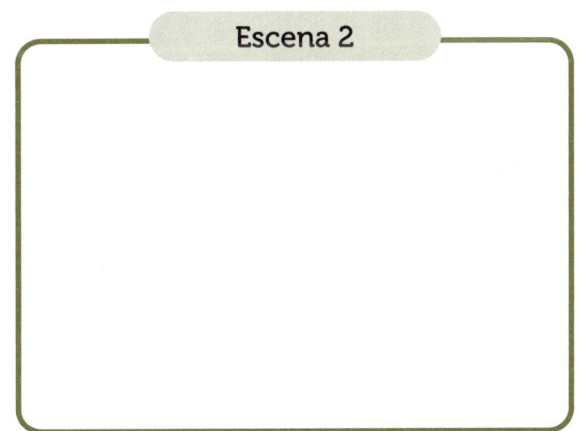

Escena 2

4 Identifique las dos expresiones del *¡Fíjese!* para intensificar la belleza y muestre otras fórmulas sinónimas posibles para cada caso.

a) _____

_____

b) _____

_____

Bien + adjetivo → *muy* + adjetivo

La mar de + adjetivo → *muy* + adjetivo

5 Transforme las expresiones anteriores en antónimas.

a) _____

b) _____

6 Otras expresiones para expresar belleza son las que siguen. Trate de deducir si se emplean para niños/as, mujeres, hombres o para todo el mundo.

1. Un bombón: _____

2. Un bombonazo: _____

3. Un bomboncito: _____

4. Una belleza: _____

5. Un bellezón: _____

6. Una preciosidad: _____

7. Una hermosura: _____

7 Para reaccionar de forma muy expresiva a un hecho sorprendente, una mujer del segundo diálogo utiliza una fórmula, ¿cuál es?

_____

i

Otras expresiones de sorpresa:

¡Hala!

¡Anda!

¡Madre mía!

¡Ay, madre!

¡Vaya!

Con matiz de incredulidad:

¿Qué dices?

¿Pero qué me cuentas / me estás contando?

¡No me digas!

8 Complete los diálogos con expresiones de sorpresa.

1. > Luisa, se ha suspendido el paseo a caballo de esta tarde.

< _____. Y yo que tenía tanta ilusión…

2. > Mamá, Sonia me ha pedido matrimonio.

< _____. ¡No puede ser verdad, hijo! ¡Cuánto me alegro!

3. > ¡¡¡Me acaba de llamar Pedro Almodóvar para pedirme que colabore en su última película!!!

< _____. ¿Que te ha llamado el director de cine?

4. > Estoy embarazada, Luis.

    < _____. ¡Qué emoción!

5. > Mi gata parió hace una semana y ahora tenemos cinco gatitos en casa.

    < _____. Pero si no sabía que estaba preñada.

9 **Ahora lea los diálogos y subraye las expresiones con valor intensificador.**

Diálogo 1

> Juan, lo grande que está tu niño, ¡por Dios!
< Sí, ha crecido mucho en poco tiempo. Ya es un hombretón.
> Y bien guapo que es…

Diálogo 2

> ¡Cómo han subido la fruta y la verdura! Las sorpresas que te llevas cada vez que vas a la compra.
< Una barbaridad de precios.
> ¡Vaya plan…!

Diálogo 3

> La casa que tiene Juan… Y decía que no tenía dinero…
< ¡Vaya cara! No podemos fiarnos de lo que dice…

Diálogo 4

> ¡Qué burrada! No creo que pueda comerse esa hamburguesa. No he visto nada igual en mi vida.
< ¡Desde luego! Es que lleva la tira de ingredientes… ¿No ves que no le cabe en la boca?

---

i

Para intensificar:

- _La_ + sustantivo + _que_ + verbo + enunciado suspendido. Expresa sorpresa, admiración, crítica… dependiendo del contexto.
  La casa que tiene…

- _Lo_ + adjetivo + _que_ + verbo + enunciado suspendido. Indica sorpresa, admiración, ironía… dependiendo del contexto.
  Lo bonito que es…

- _Una barbaridad de / la tira de / un mogollón de_ + sustantivo. Intensifica la cantidad.
  Tiene una barbaridad de problemas.
  Jopé, la tira de cosas que aún hay que comprar para la casa.

10 En el *¡Fíjese!* aparece *corre que corre* para indicar que el hablante no ha parado de hacer cosas deprisa. Transforme las oraciones con fórmulas de intensificación con estructuras reduplicativas de este tipo.

1. Uf, estoy muy cansado, me he pasado toda la mañana cocinando.

   _____

2. Dice que no ha parado de gritar toda la mañana a sus vecinos por un problema con los perros.

   _____

3. Lo pasó genial en la fiesta, no paró de bailar toda la noche.

   _____

4. Siempre que vamos al mercadillo, Malena acaba comprando tonterías.

   _____

5. La paella le salió demasiado salada y estuve toda la tarde bebiendo agua.

   _____

11 En el diálogo del *¡Fíjese!* localice los diminutivos acabados en *-ito* y en *-illo* e indique el valor que tienen en los intercambios comunicativos. Después complete la ficha.

_____

_____

ⓘ

Usamos los diminutivos en *-ito/-ita; -illo/-illa* (en algunas zonas de España *-ico/-ica*) para expresar:

• Tamaño _____

• _____

• _____ edad

• También se usan para restar importancia o minimizar un hecho.
   Es solo un detallito (en lugar de regalo).
   Espere un momentito.
   Te invito a un cafelito.
   Vuelvo en un ratito.

• También pueden expresar ironía.
   Qué graciosillo… Me has roto las gafas.
   ¡Vaya jueguecito! He perdido ya cincuenta euros.
   ¡Vaya diíta!

12 Escuche e identifique los usos de los diminutivos en los siguientes contextos.

(05)

1. Un padre a su hijo:

«Vaya regalito _____ que me traes; ¿y ahora qué
hacemos con este perrito?». _____

2. Una vecina a otra que está en su terraza:

«Qué chiquita _____ está esta planta! Deberías regarla
un poquito _____ más…».

3. Un hombre a su pareja:

«Corazoncito _____, dime qué quieres que te traiga de EE. UU.».

4. Una madre a su hija:

«Pilarilla _____, quédate quieta, mi vidita _____».

5. Un compañero de trabajo a otro:

«Buen trabajito _____ me has preparado para hoy…».

13 Observe las expresiones con *ser* y *estar,* y proponga un sinónimo o explicación.

1. Estar que arde: _____

2. Estar que muerde: _____

3. Ser un martirio: _____

4. Ser un mal trago: _____

5. Ser un monstruo: _____

6. Estar de buenas: _____

7. Ser de armas tomar: _____

8. Estar para el arrastre: _____

14 Ahora trate de relacionar cada expresión del ejercicio anterior con lo que significan.
Pista: hay una expresión que se usa en dos casos.

A. Agotamiento:

_____

B. Persona buena en algo, que destaca:

_____

C. Situación de tensión:

_____

D. Desagrado:

_____

E. Tener buen talante, buena actitud:

_____

F. Persona de carácter y personalidad fuertes:

_____

G. Enfado:

_____

H. Dolor:

_____

15 Complete los diálogos con algunas de las expresiones anteriores.

1. > ¿Y esa cara?

   < Mi padre _____ con la boda. Dice que son muchos gastos y que nos vamos a hipotecar para toda la vida, ¡mira que es exagerado!

   > Hija, es que tu padre _____, tiene un carácter espantoso…

2. > Hoy me han dicho que mi vecina padece ELA y solo tiene cincuenta años.

   < Desde luego, _____ enfrentarse a situaciones tan terribles.

3. > Acabo de terminar el entrenamiento. Cuatro horas sin parar, uf, _____, hermanita.

   < Pues para mí _____ llevar ese ritmo de ejercicio; no te sigo, hermanito.

4. > Mi primo Luis _____, ha sacado matrícula de honor en Anatomía. Todo el mundo suspende…

   < Lo trabajador y estudioso que es el chico. Una joya.

16 En el *¡Fíjese!* las dos mujeres le preguntan al hombre por su estado de ánimo. ¿Qué fórmulas emplean?

_____

17 Indica qué expresiones con las que preguntamos por el estado de ánimo se pueden considerar coloquiales y cuáles neutras.

- ¿Cómo va eso? _____
- ¿Cómo lo llevas? _____
- ¿Cómo andamos? _____
- ¿Cómo / Qué tal estás de ánimo? _____
- ¿Estás deprimido / mal… + por algo? _____
- ¿Estás agobiado por algo? _____
- ¿Qué te ocurre / sucede / pasa? _____
- ¿Y esa cara? _____

18 Observe los usos de los adjetivos en negrita delante de los sustantivos y trate de explicar su sentido. ¿Qué tienen en común?

a) **Madre:** Juanillo es un niño incansable, no para en todo el día y para colmo estas Navidades mira lo que le han regalado mis padres… ¡Un patinete!

Vecina: ¡**Buen** regalo le han hecho!

b) **Malena:** ¡Ay, Antonio, no quería dejarte en ridículo, pero tenía que decirte que llevabas el pantalón roto…!

Juan: ¡**Bonito** comentario me has espetado en público, mujer! Podías haber sido más discreta.

c) **Padre:** Yo que vengo tan cansado y me dices que no me ayudas… ¡**Buen** comportamiento estás teniendo conmigo, hijo!

Hijo: Papá, es que estoy para el arrastre, de verdad.

EN USO

19 ¿Cómo reaccionaría ante estas situaciones? Utilice expresiones intensificadoras de sorpresa.

1. Su hermana entra corriendo en la habitación diciendo que le han robado el bolso en la oficina.

2. Se ha acabado la pasta, tienes que comer pescado; lo siento.

3. Mis padrinos se van a celebrar su aniversario en un viaje alrededor del mundo.

4. Nos acaban de convocar a otra reunión mañana a las 8:00.

5. Está empezando a llover torrencialmente.

20 Reaccione con una expresión con *ser* o *estar* del ejercicio 13.

1. > Anda, vamos a dar un buen paseo por el barrio antiguo.

   < Uy, ¡madre mía!, no puedo. _____ ir con estos zapatos. Me están matando…

2. > Marta tiene mucho carácter, Marta _____.

   < Sí, es bastante insoportable; no tolero su forma de ser.

3. > Juan y Mónica hoy _____; mira qué acaramelados…

   < No creo que les dure mucho tanto cariño…

4. > La situación _____; han robado en cuatro establecimientos en el barrio en solo dos días.

   < Sí, pero ha llegado la policía y ha detenido a los ladrones.

5. > Mi hermana _____: se levanta a las 5:00 y llega a casa a las 23:00.

   < Desde luego, trabaja demasiado. Debería parar un poco y descansar más.

21 Reaccione con diminutivos en los siguientes casos para cumplir con las estrategias pragmáticas que se indican.

1. Quiere un vaso de agua y pregunta de manera atenuada si se lo pueden proporcionar:

   _____

2. Le regala unas pulseras muy bonitas a su amiga, pero le quiere quitar importancia:

   _____

3. Refiere con ironía que es un trabajo complicado: _____

4. Le va a pedir un favor a una amiga y quiere mostrar cariño:

   _____

5. Se va a dirigir a un niño pequeño que se llama Álvaro: _____

6. Le dice a su jefe que el trabajo lo va a tener pronto: _____

7. Le dice a su pareja, con ironía, que ha hecho un comentario muy desagradable:

   _____

22 ¿Cómo preguntaría por el estado de ánimo de sus interlocutores en estos contextos?

1. A un compañero de trabajo que ayer se fue con dolor de cabeza:

_____

2. Al conserje del edificio, al saludarlo por la mañana: _____

3. A su pareja, cuando vuelve del fisioterapeuta: _____

4. A su hija, que se le acerca mostrando enfado después de colgarle el teléfono a su novio:

_____

5. A su hermano, que esta mañana parece muy serio: _____

23 ¿Cuándo usaría cada forma? Indique los matices y la intencionalidad en cada caso.

1. Esta niña es preciosa; tiene una | cara | carita | muy expresiva y hermosa.

_____

_____

2. Le gusta hacer ostentación: pasea con un | coche | cochazo | espectacular…

_____

3. Como quería que le regalara un | perrito | perro |, me llamaba cariño.

_____

4. Anda, dame una | cuchara | cucharilla | para mover el café.

_____

5. Paseaba con su | abuelita | abuela | todas las tardes.

_____

6. Cayó una | tormenta | inesperada / un | tormentazo | inesperado.

_____

7. ¿Te apetece un | chocolate | chocolatito |?

_____

8. Tiene solo 14 años y ya es todo un | hombre | hombretón |.

_____

24 Observe las imágenes y defínalas con una expresión intensificadora.

_____ _____ _____

_____ _____ _____

25 Lea los mensajes de WhatsApp y sustituya lo destacado en negrita por otras fórmulas para intensificar.

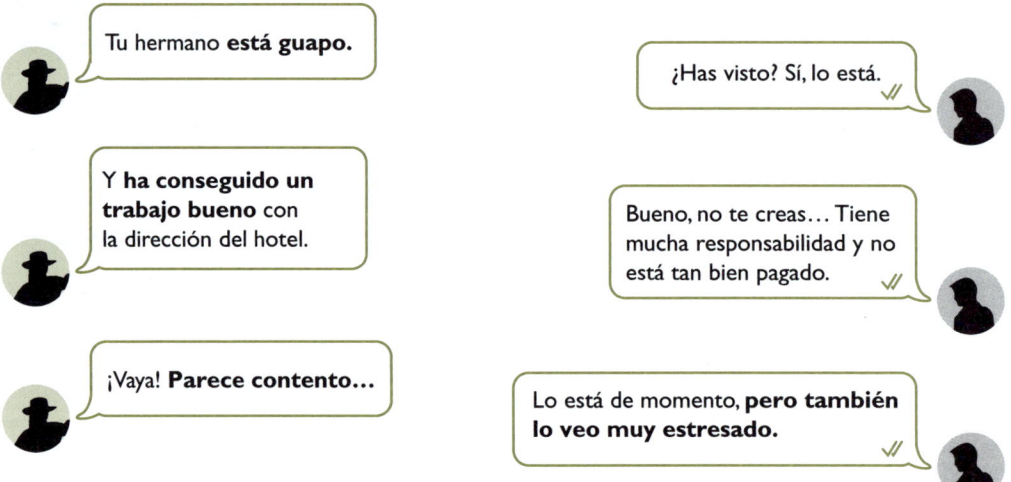

Tu hermano **está guapo.**

¿Has visto? Sí, lo está.

Y **ha conseguido un trabajo bueno** con la dirección del hotel.

Bueno, no te creas… Tiene mucha responsabilidad y no está tan bien pagado.

¡Vaya! **Parece contento…**

Lo está de momento, **pero también lo veo muy estresado.**

26 Reaccione a estas situaciones con una expresión irónica.

1. Son casi las 12 de la noche, estás muy cansada y te ibas a la cama cuando tu amiga te llama para contarte un cotilleo de trabajo.

_____

2. María es alérgica al pescado y la han invitado a tomar espetos en la playa por la fiesta de San Juan.

_____

3. Te da miedo el mar y te han invitado a un crucero por el Caribe.

_____

4. Invitas a tu amiga a cenar y te dice que se aburre contigo.

_____

5. Tu hija te trae un ramo de margaritas y eres alérgica a esas flores.

_____

27 **Lea y reaccione con una expresión con *ser* o *estar*. Después escuche y compruebe.**

(06)

1. Es que no aguanto a esta chica; pues no va y me dice que ella no se reúne los fines de semana para hacer el trabajo de clase.

2. Estos tacones me están destrozando.

3. Hoy tus hermanos no se están peleando.

4. Ay, Carmen, qué duro fue decirles a los niños que no podíamos ir de vacaciones ese verano.

5. ¡No te das cuenta de que Juan ha hecho una media de 40 km por hora!

Ser

Estar

¿QUÉ DIGO SI...?

1. Ve a una novia muy bella camino de su boda: _____

2. Le dicen que ha ganado mucho dinero en la lotería: _____

3. Diga de forma intensificada que no ha parado de hablar en toda la mañana:
_____

4. Reaccione ante la sorpresa de un terremoto en Filipinas:
_____

5. Cuando alguien llega de repente, aparece _____

6. El hijo de su amiga es muy bonito; con intensificación usted dice que es:
_____

7. Cuando quiere mostrar con énfasis que el coche de su amigo es impresionante:
_____

8. Muestre cariño hacia un animal: _____

9. Cuando alguien está muy enfadado y rabioso, decimos que:
_____

10. Le dice irónicamente a su amiga que la comida está insípida:
_____

¿A qué viene tanta risa?

FÍJESE!

(07)

OBSERVE Y REFLEXIONE

1 En el primer diálogo Julia le pregunta a su amiga ¿*A qué viene tanta risa?* ¿Qué cree que quiere decir con esta expresión? ¿Piensa que Julia es irónica?

_____

_____

2 En el primer intercambio hay mucha información implícita. Transfórmelo para hacerlo más explícito.

> _____

< _____

> _____

3 ¿Qué formulas se utilizan en el primer diálogo para pedir información?

a) _____

b) _____

4 En el diálogo 2, ¿qué fórmulas emplea el cliente para pedir información? ¿Y el vendedor para expresar opinión de manera indirecta? ¿Qué otras estructuras podrían usarse en este contexto?

_____

_____

_____

5 En este cuadro se presentan varias fórmulas para solicitar información. Complételo con los valores o matices que adquieren y el registro en el que se suelen emplear.

Pedir información	Valor o matiz pragmático	Formal / neutro / coloquial
¿A qué viene/n…?		
¿Cómo es que?		
¿A qué se debe/n…?		
Larga / suelta		
¿Cómo es eso?		
¿A santo de qué…?		
¿Cómo se explica el hecho de que…?		
Disculpe si soy…, pero…		
¿Y eso…?		
¿Dónde diablos…?		
No sé si es mucho preguntar, pero…		

6 **Una mujer quiere confirmar los detalles de su viaje con la agencia. Lea el diálogo y marque las fórmulas que emplea Carlos para confirmar.**

Paula: Hola, buenos días, soy Paula Echevarne, ¿podría hablar con Carlos Teixidó?

Carlos: Sí, soy yo, Paula, buenos días, ¿qué tal estás?, ¿cómo van las cosas?

Paula: Hola, Carlos, todo bien; mira, quería confirmar contigo algunas cositas del viaje. Salimos dentro de tres días y tengo varias dudas. A ver, no he entendido bien si, para llevarnos al aeropuerto, el bus nos recoge en la estación de metro o en la de tren.

Carlos: El punto de recogida es la estación de tren, junto al quiosco de flores.

Paula: ¿Donde la parada de taxis?

Carlos: Exacto.

Paula: ¿Pero tú no decías que podíamos ir andando hasta el punto de encuentro del bus? Vivimos a más de 30 minutos de allí, y con las maletas y todo… Lo mejor será coger un taxi. Es muy temprano para usar transporte público…

Carlos: Perdona, Paula, es verdad; hay una distancia mayor de lo que yo pensaba… ¡Y tanto que tendrás que coger un taxi!

Paula: He sabido por unos compañeros que hacen el mismo *tour* que el hotel de París ha cambiado.

Carlos: Así es. Nos han ofrecido uno de mayor categoría que está un poco más apartado del centro, pero os trasladan en un vehículo de cortesía que pone el hotel.

Paula: Fantástico, sin problema. Pero ¿me aseguras que tendremos habitación exterior?

Carlos: La he solicitado; de hecho, voy a pedirles confirmación ahora mismo, ya que tengo que contactar con ellos para otro asunto.

Paula: ¿Me insinúas que pueden omitir este requisito? Ya sabes que tengo claustrofobia y no puedo estar en habitaciones sin ventanas exteriores, me angustio…

Carlos: No te quepa la menor duda de que tendré esa confirmación y, si no, os busco otro hotel. Tranquila.

Paula: Mil gracias, Carlos. Y lo último: el crucero por el Sena es la noche del 5, ¿no? Recuerda que es el cumpleaños de mi marido y tiene una ilusión enorme… Corre el rumor de que hay huelga de transporte en París…

Carlos: Que sí, Paula, que sí hay huelga, pero ya te lo he dejado claro en la documentación que te he mandado por correo esta mañana. Y ya te digo ahí que la huelga de transportes no afecta a los cruceros turísticos…

Paula: Estupendo entonces, Carlos. Menos mal. Perdona las molestias que te estoy causando. Es que es el viaje de mis sueños.

Carlos: Nada, no te preocupes, para eso estamos.

Paula: Hasta luego.

Carlos: Hasta luego y buen viaje.

7 Marque ahora en la ficha las fórmulas para confirmar una información que haya localizado en el diálogo anterior y tradúzcalas a su lengua.

> **Fórmulas para confirmar una información:**
>
> ☐ *No te quepa la menor duda de que* _____
>
> ☐ *De hecho* _____ ☐ *Así es* _____
>
> ☐ *Que sí* _____ ☐ *Que no* _____
>
> ☐ *Seguro* _____ ☐ *Efectivamente* _____

8 ¿Qué quiere decir Carlos cuando hablando de la distancia al punto de encuentro dice *¡Y tanto que tendrás que coger un taxi!?*

_____

9 Marque las estructuras enfáticas que usan los hablantes para confirmar.

1. (Por teléfono dos vecinas)

   > María, nevó ayer mucho, ¿no?

   < Uf, Carmen, y tanto que nevó, no pudimos salir de la casa en todo el día.

2. (En el bar)

   > Cliente: Camarero, ¿puede ponerme un poco de leche fría en el café?

   < Camarero: ¿Está muy caliente?

   > Cliente: No es que esté caliente, está hirviendo. Me he quemado la lengua.

3. (En la frutería)

   > Clienta: ¿Están dulces las fresas?

   < Frutero: Y tanto que lo están, están sabrosísimas. Pruébelas y ya verá.

4. (En la escuela)

   > Profesora: ¿Entendéis esta fórmula química?

   < Alumno: Sí, claro. No es que no la entendamos, es que no hemos podido aplicarla en el problema.

10 Paula comenta con su pareja ciertas circunstancias adversas que están sucediendo en el viaje. Responda confirmando con enunciados de intensificación como en el ejemplo.

1. (La pareja le dice que el agua del mar está muy fría). *No es que esté fría, es que está helada.*

2. (La pareja le dice que hace mucho calor en la habitación). _____

3. (La pareja le dice que el café le parece exquisito). _____

4. (La pareja le dice que las excursiones son muy completas). _____

5. (La pareja le dice que los guías son muy atentos). _____

11 **Lea el diálogo y relacione el valor de las expresiones marcadas en color con las funciones de la ficha.**

> **Recursos en un relato:**
>
> **a)** Control de la atención: _____
>
> **b)** Comienzo de relato: _____
>
> **c)** Pedir que comience un relato o para cambiar de tema: _____
>
> **d)** Animar a que siga el relato: _____

Ana: Oye, Clara, *¿y tu viaje al sur de España?*

Clara: Pues muy bien, *imagínate a Juan y a mí en bici* saliendo de Toledo y dirigiéndonos a Frigiliana, un precioso pueblecito de la provincia de Málaga. Íbamos a la aventura con varias paradas hasta llegar a nuestro destino soñado.

Ana: *Cuenta, cuenta…*

Clara: *A ver,* me centro en el destino. Llegamos a Frigiliana, un pintoresco pueblo donde conviven vestigios de su época árabe y las casas se encaraman conformando un estrecho laberinto de callejuelas, especialmente en su barrio alto. Las macetas están por todas partes en las fachadas de sus casas y ponen el toque de color a este pueblo que suele ocupar el top 1 en muchas listas de pueblos más bonitos de Andalucía; es realmente precioso. Nos quedamos cinco días; el primero hicimos un recorrido superagradable con una guía local que nos llevó por todos los puntos principales y nos contó divertidas anécdotas de la localidad. Y, por cierto, la Axarquía, que es la región a la que pertenece este pueblo, es muy famosa por el cultivo del aguacate, así que te aconsejo visitar una plantación porque es una experiencia única (yo hice una y me encantó), y compré un par de kilitos para tomar en ensalada. *¿Te aburro?, ¿me sigues?*

Ana: Noooo, *sigue, sigue.* Pero, perdona, ¿quién compro qué?

Clara: Nosotros, Juan y yo, compramos aguacates.

Ana: ¡Ah, vale, aguacates!

Clara: Pues nada, que luego volvimos a la costa y pasamos unos días en Nerja, donde tuvimos la oportunidad de colaborar ayudando a los voluntarios que gestionan la protectora de animales. Fue una experiencia muy gratificante, la verdad.

Ana: *Por cierto, ¿qué fue de tu perro?*

Clara: Pues se recuperó estupendamente de la operación; estos días que hemos estado fuera, Dino se quedó con mi madre en la casa de campo y estuvo fenomenal.

12 **En el diálogo Ana pregunta a su amiga *¿quién compró qué?* Observe la respuesta y construya interrogativas para estas respuestas.**

1. Mi hermana subió a la montaña. → _____

2. Los problemas tienen solución. → _____

3. En Madrid se encuentra este restaurante. → _____

4. El asunto del retraso se resolverá con una penalización. → _____

5. Para Madrid van los jugadores. → _____

13 **Observe los enunciados y seleccione el valor que proyectan las interrogativas marcadas.**

- (A) Pregunta retórica irónica que implica respuesta negativa.
- (B) Interrogativas repetitivas o eco para intensificar.
- (C) Pregunta problemática.
- (D) Interrogativas repetitivas o eco para mostrar desacuerdo con lo que se dice.
- (E) Ayuda.
- (F) Petición de permiso.
- (G) Crítica.

> ¿Te gusta la comida vegana? < **¿Que si me gusta la comida vegana?** Me encanta.	(A) (B) (C) (D) (E) (F) (G)
> ¡Márchate a tu casa! < **¿Cómo que me vaya a mi casa?**	(A) (B) (C) (D) (E) (F) (G)
Mi madre se ha comprado un yate, **¿a que no lo sabías?**	(A) (B) (C) (D) (E) (F) (G)
> **¿Por qué habrá tanta hambruna en el mundo?** < Es terrible…	(A) (B) (C) (D) (E) (F) (G)
> **¿Pasa algo si apago la luz?** < Apágala, apágala, sin problema.	(A) (B) (C) (D) (E) (F) (G)
> **¿Cómo se acabaría la guerra?** < Uf, qué gran lacra…	(A) (B) (C) (D) (E) (F) (G)
> Mira lo que has hecho, **¿no podrías haberme pedido ayuda?** < **No pensaba que se me iba a caer toda la azúcar.**	(A) (B) (C) (D) (E) (F) (G)
> **¿Quién se ha olvidado las llaves?** (con entonación ascendente) < Anda, a mí…	(A) (B) (C) (D) (E) (F) (G)
> Me voy a clase, mamá. < Muy bien, hija. > **¿Te arreglas tú sola?**	(A) (B) (C) (D) (E) (F) (G)
Eso no lo voy a hacer jamás, **¿acaso crees que soy tan insensata?**	(A) (B) (C) (D) (E) (F) (G)

14 Complete los diálogos con una interrogativa y explique qué sentido tienen en los distintos contextos.

I. > Este año no vamos a tener vacaciones, no tenemos dinero.

< _____

2. > Nos reunimos en la sala de al lado; vamos a salir si os parece.

< _____

3. > Tengo que organizar el evento, pero lo haré poco a poco.

< _____

4. > _____

< Cómetelo, cómetelo.

5. > Mira lo que me ha pasado, Luis…

< Te has manchado todo el traje, hombre. _____

15 En el *¡Fíjese!* aparece la expresión *mira que eres simpática* con un sentido irónico que expresa lo contrario de lo que parece. Escuche los diálogos y señale los enunciados irónicos e indique el tipo.

(08)

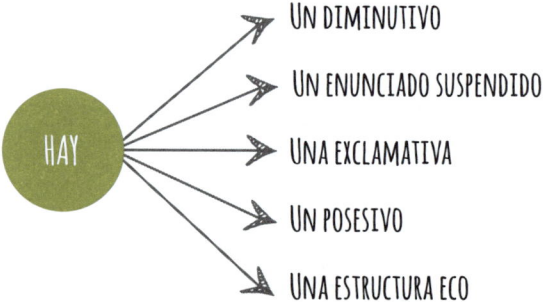

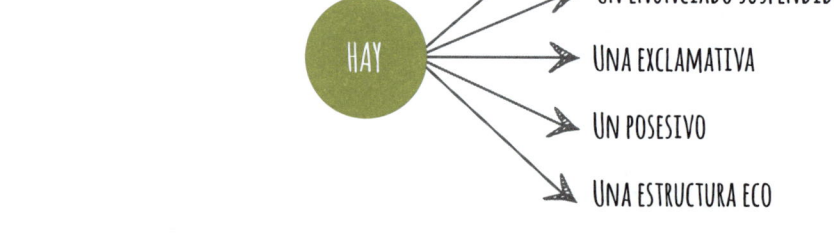

HAY
→ UN DIMINUTIVO
→ UN ENUNCIADO SUSPENDIDO
→ UNA EXCLAMATIVA
→ UN POSESIVO
→ UNA ESTRUCTURA ECO

I. > ¡Vaya tardecita que me has dado! No has parado de cantar con esa voz tan terrible…

< Pues tan mal no canto…

2. > Me voy de vacaciones y después ya hablamos…

< ¡Anda el listo!

3. > Pablo juega muy bien al tenis.

< Ya, ya, Pablo juega muy bien al tenis; es Rafa Nadal.

4. > Esa hermana tuya es muy amable.

< Ja, ja, ja, desde luego.

5. > ¿Te vienes al cine?

< Mejor me quedo descansando, para lo que hay en la cartelera…

16 Lea este artículo y conteste a las preguntas.

OCIO

¿Cómo le gusta viajar?
Sáqueme de dudas, por favor

Desde hace unas semanas estoy dándole vueltas al coco con un nuevo proyecto viajero. **(1) ¿A qué viene esa risita que vislumbro en vuestra cara?** Ya sé que esto puede que no suene a novedad viniendo de mí, pero algo me dice que esta vez el barco llegará a buen puerto y no se hundirá en mitad del océano a causa de una tormenta. Lo que me hace pensar que así será es una sencilla razón: este proyecto está basado en hacer lo que me gusta; **(2) ¿acaso crees que está prohibido?**

Cuando uno hace lo que le gusta, no importa las horas empleadas, ni el esfuerzo realizado, ni los sacrificios contraídos… Todo ello queda relegado a un segundo plano si se piensa en emplear el tiempo, TU TIEMPO, en lo que verdaderamente te apasiona. Sí, puede que suene idealista o entusiasta, pero, según entiendo yo las cosas, es la pura verdad.

El tiempo, esa palabra formada por seis letras tan importante y al mismo «tiempo» tan subestimada por la mayoría.

(3) ¿Me permites que te dé un consejo? Pensamos que nuestro paso por este mundo es eterno, pero no es así. El día menos pensado te despiertas con el pelo blanco y sin fuerzas para levantarte de la cama, porque el cuerpo ya no responde. Es entonces cuando echas la vista atrás y te pones a pensar en aquellos años en los que tenías energías, incluso, para subir a la montaña más alta, descender un río bravo o correr como una gacela. Por ello, no hay que perder el tiempo ni retrasar el momento de hacer aquello que nos hace sentirnos bien con el mundo, con los demás y, lo más importante, con nosotros mismos. **(4) ¿Te atreves a discrepar de lo que digo?**

(Adaptado de: https://escribecuandollegues.com/como-te-gusta-viajar-sacame-de-dudas-por-favor/)

1. ¿Qué valor tienen los enunciados en negrita?

1. _____ 2. _____

3. _____ 4. _____

2. ¿A qué se refiere la autora cuando alude al *coco*?

_____

3. ¿De qué barco habla?, ¿qué quiere decir?, ¿va a hacer algún viaje en barco?

_____

4. ¿Qué es el tiempo para la autora?

_____

5. ¿Cuándo es el día menos pensado?

_____

EN USO

17 Reaccione pidiendo explicaciones en estos contextos coloquiales.

1. Tu amiga se sorprende porque invitarás a tu boda a tu ex. → _____

_____

2. Tu vecina te dice que no te olvides de tirar la basura por la noche. → _____

_____

3. Tu compañero de piso trae un perro a casa sin tu permiso. → _____

_____

4. Tu hija llega a casa sin su mochila de la escuela. → _____

_____

5. Has perdido las llaves de casa, no las encuentras por ninguna parte. → _____

_____

18 Escuche los diálogos y marque las fórmulas que se emplean para solicitar información o confirmarla. Después explique qué valores indican y si son expresiones formales, neutras o coloquiales.

(09)

1. Dos amigas en un café.

    > ¿Es que no quieres que te cuente lo que pasó ayer en clase?

    < Claro, chica, cuenta, cuenta…

_____

2. Dos amigos en la universidad.

    > ¿A cuento de qué le has dicho al profesor que no nos va a dar tiempo a entregar la tarea el viernes? Yo me quedaré trabajando hasta tarde, pero lo acabaremos.

    < Jo, es que yo creía que no nos iba a dar tiempo…

_____

3. Un padre a sus hijos.

    > ¿A qué vienen esos gritos? Callaos de una vez, tenéis que dormiros ya.

    < Vale, papá…

_____

4. Dos compañeros de trabajo.

    > ¿Me permites un consejo? No te metas en asuntos que no son de tu incumbencia.

    < Sí, creo que llevas razón.

_____

5. La directora de tesis a su doctorando.

> ¿Cómo va el desarrollo del apartado de metodología?

< Pues la verdad es que me encuentro un poco atascado.

> ¿Cómo es eso?

< Pues es que no sé cómo plantearlo. ¿Podría darme algunas ideas?

_____

6. La policía al delincuente.

> Suelta toda la información, ¿dónde has dejado el alijo de droga?

< Yo no tengo nada, yo no he hecho nada, déjeme en paz.

> Te he dicho que largues todo lo que sabes, no tenemos tiempo que perder…

_____

7. Un arquitecto a un cliente.

> ¿Acepta una crítica? Ese material no es antideslizante y le va a dar muchos problemas en la parte exterior de la vivienda.

< Vaya, no lo sabía… Tendré que cambiarlo…

_____

8. Madre e hija cenando en casa.

> ¿Qué tal el día?

< Regular, mamá.

> ¿Y eso?

< He suspendido el examen de Matemáticas.

> Vaya, hija. Con lo que habías estudiado…

_____

19 Acaba de realizar una reserva en la web de un hotel, pero le ha llegado un mensaje de confirmación un poco confuso. Así que decide contactar por teléfono y confirmar algunos datos.

1. El número de reserva, que parece ser el 134. → _____

2. La reserva es por 3 noches. → _____

3. El tipo de habitación, que es una _suite_ con terraza. → _____

20 **Ahora reaccione confirmando lo que dice cada hablante según el grado de formalidad.**

1. ¿Has alquilado la pista de tenis para las tres? → _____

2. Sra. Ramírez, ¿ha terminado el dosier? → _____

3. Corre el rumor de que usted quiere dejar su cargo. → _____

4. Está lloviendo mucho esta tarde. → _____

5. El hijo de tu vecino está muy alto. → _____

21 **Está compartiendo recuerdos de viajes inolvidables con amigos. Rememore el que más le guste y reaccione ante los relatos de sus compañeros para conseguir estos objetivos.**

a) Para animar a su amigo a que comience el relato: _____

b) Para controlar la atención: _____

c) Para animarlo a que continúe: _____

22 **Utilice una interrogativa en estos contextos para expresar las siguientes intenciones.**

1. > ¿Te parece bien ir a cenar a un restaurante asiático?

   < (Interrogativa eco para intensificar). _____

2. > Este documental es poco veraz.

   < (Reacción de desacuerdo). _____

3. > ¿Tienes algún cotilleo que contarme?

   < Al jefe le gusta la nueva directora. (Pregunta retórica irónica con respuesta negativa).

   _____

4. > (Te lamentas de la crisis climática). _____

   < No nos preocupamos suficientemente del planeta…

5. > (Critica a alguien que ha manchado el mantel). _____

   < He sido yo, lo siento.

6. > Lo que quieres que haga no es honesto. (Pregunta retórica irónica que implica respuesta negativa).

   _____

   < No es para tanto, que solo te pido que digas una mentira piadosa.

23 **Convierta en irónicos estos enunciados.**

1. He pasado una semana aburridísima. → _____

2. Tu hermano ha decidido no trabajar más. → _____

3. Esta temporada no hay ropa bonita y yo, además, no tengo ningún acontecimiento especial. → _____

_____

4. Pedro es un chaval muy listo. → _____

5. Este cóctel está muy cargado. → _____

¿QUÉ DIGO SI...?

1. En el mercado alguien le dice que el pescado azul es perjudicial para la salud (discrepando):

_____

2. (Con un grupo de colegas de trabajo) No entiende por qué creen que usted tiene mucho dinero:

_____

3. Muestra con énfasis que su compañera de piso habla mucho:

_____

4. Su hijo le está contando lo que ha pasado hoy en la escuela, un incidente que a usted le preocupa, pero ha parado de repente. Usted le insiste para que continúe:

_____

5. Quiere recomendarle una peli a su amiga y de manera enfática le dice que es más que interesante:

_____

6. Está molesto/a porque su prima le ha dejado su peque de tres años toda la tarde y, con ironía, usted se queja:

_____

7. Le extraña que hayan anulado el vuelo Bogotá-Nueva York y pide explicaciones:

_____

8. Quiere preguntar (con prudencia) a su empleado si es cierto que van a hacer huelga:

_____

9. Quiere confirmarle enfáticamente a su pareja que iréis de crucero el próximo verano:

_____

4

¡Ni lo sueñes!

ℹ️ FÍJESE!

OBSERVE Y REFLEXIONE

1 Observe los diálogos del *¡Fíjese!* y complete el recuadro con las expresiones correspondientes.

Para pedir permiso	Para disculparse	Para dar permiso / aceptar una orden
_____	_____	_____
_____	_____	_____
_____	_____	_____

2 Fíjese de nuevo en los diálogos e indique si el permiso se concede con o sin objeción (o se acepta la orden) y en qué se aprecia.

_____

_____

_____

_____

3 ¿Encuentra en los diálogos anteriores algunas expresiones enfáticas?, ¿cuáles? ¿Con qué intención se pronuncian?

4 En la segunda escena, el señor utiliza varios verbos en primera persona del plural, ¿con qué intención lo hace?

5 **Observe el cuadro y diga qué intenciones aprecia en cada enunciado.**

1. La casa no se ha aislado bien, hay que buscar otro cierre para las ventanas.

2. ¿Qué hay, Juan?, ¿se sabe algo de la gestión del agua?

3. ¿Qué piensa la presidenta de la Comisión de Energía Nuclear sobre las energías renovables? (Pregunta dirigida a la propia presidenta).

4. ¡Nos vamos callando ya, que estamos en clase!

> **Desplazamiento pronominal de la 2.ª persona del singular o del plural:**
>
> 1. **A la 1.ª persona del plural.** Se usa para atenuar la intromisión en el terreno del destinatario y, a la vez, para mitigar una orden. *¡A ver si nos vamos ya a la cama!*
>
> 2. **A la 3.ª persona.** Es frecuente en entrevistas periodísticas dirigirse al entrevistado con su nombre o apellido + la 3.ª persona, por respeto y para que la persona tome distancia de sí misma. *¿Qué opinión tiene el presidente de la ONU sobre el cambio climático?* (en una entrevista al presidente de la ONU).
>
> 3. **A estructura impersonal con *haber* (coloquial).** *Hola, pareja, ¿qué hay?* (= ¿Cómo estáis?).
>
> 4. **A estructura pasiva sin agente explícito.** Se usa para mitigar la imagen del receptor (hay una crítica implícita): *Esta estantería se mueve, no se ha colocado bien* (se lo dice el jefe al empleado).

5. Me parece que el problema de la central nuclear no ha sido bien interpretado, vamos a explicarlo de nuevo.

6. Caminamos más rápido, chicos, que no llegamos a la cumbre y empieza a llover.

6 **Lea los diálogos e indique qué expresiones para pedir o hacer un favor o para dar permiso le resultan más corteses, cuáles menos corteses y si hay alguna fórmula neutra.**

Diálogo 1

> ¿Podrás acercarme mañana al tren? Es que prefiero no coger el coche.

< Sí, sin problema. Dime a qué hora te viene bien que te recoja.

Diálogo 2

> Oye, Felipe, ¿tienes algún problema en bajarte las botellas de cristal y dejarlas en el contenedor de vidrio? _____

_____

_____

< ¡Faltaría más! _____

_____

Diálogo 3

> Sr. Delgado, por favor, necesitamos su autorización para la visita a los molinos eólicos el próximo jueves. _____

_____

_____

< Ahora te lo firmo, espera un momento. _____

Diálogo 4

Madre: Chicos, mañana iremos al campo a recoger _basuraleza_ y así cuidamos un poco el medioambiente. ¿Qué os parece?

_____

Hijo: ¡Ni hablar, no pienso recoger la basura que otras personas tiran!

_____

Hija: Vas lista, mamá. Ve tú si quieres, yo paso.

_____

Madre: De acuerdo, pero mañana no tocáis el móvil en todo el día.

_____

Expresiones más corteses	Expresiones menos corteses

7 Empareje las preguntas con las respuestas más adecuadas e indique si el permiso se concede (con o sin objeción) o si se deniega.

1. ¿Sería mucha molestia si uso tu teléfono por un momento?
2. ¿Hay algún problema en salir un poco antes hoy? Es que tengo dentista.
3. Solicito su autorización para utilizar el logo de la institución en la publicidad.
4. ¿Tiene inconveniente en que me tome un día libre la próxima semana?
5. ¿Pasa algo si voy sin corbata a la boda?

a) Eso ni se pregunta, puedes salir cuando quieras.
b) No, por favor, ahí lo tienes.
c) Ninguno, pero deberás recuperarlo.
d) ¡Ni se te ocurra!
e) Autorización concedida, pero debe aparecer en un lugar preferente.

8 Lea los diálogos y señale si son formales o informales, si responden con o sin objeción e imagine los contextos en que se producen, los posibles interlocutores y la relación entre ellos.

1. > ¿Te importa si me asesoras un poco sobre economía sostenible? Es que tengo una presentación mañana y tengo algunas dudas.

 < ¡Claro, lo que necesites! Dime qué quieres que te explique.

 > ¿Te parece bien si me das alguna idea sobre cómo aplicar los principios de sostenibilidad a mi día a día?

 < Faltaría más, Laura. Espera un segundo, que busco un artículo que publiqué hace unos meses sobre el tema.

 _____

 _____

2. > María, perdone, ¿sería posible tener para esta tarde los datos sobre la viabilidad del proyecto de energía eólica?

 < Sí, claro, pero ¿me permitirías antes verificar un asunto sobre una reunión agendada para las cuatro de la tarde?

 > Por supuesto, consúltelo, que no tengo prisa.

 _____

 _____

Expresiones para dar / denegar permiso:

1. Dar permiso sin objeciones
Tienes permiso, tienes mi consentimiento, cuentas con mi permiso, te doy mi autorización… (Formal)
*Eso ni se pregunta. (Informal)
*Faltaría más. (Informal)
*¡Sí, mujer / hombre, sí, sin problema! (Informal)
*¡Claro, por supuesto que sí! (Informal)
Permiso concedido, autorización concedida. (Formal)
Nada que objetar. (Formal)
Adelante, sin problema. (Informal)

2. Dar permiso con objeciones
Sí, pero que sea la última vez. (Informal)
Si no hay más remedio… (Informal)
Vale, pero que no sirva de precedente. (Formal)
Por esta vez pase, pero que sea la última. (Informal)

3. Denegar permiso
¡Ni pensarlo!, ¡Ni hablar!, ¡Ni lo sueñes!, ¡Ni se te ocurra!, ¡Ni lo pienses! (Informal)
Permiso denegado y punto. (Informal)
Lamentablemente, no puede ser. (Formal)
¡Vas (tú) listo/a! (Informal)
¡Que te crees tú que vas a ir! (Informal)
*También sirven para aceptar hacer un favor.

3. > Buenos días, señor García. Venía a ver si está ya listo el permiso para construir el pozo de sondeo en mi parcela, pues necesitamos empezar las obras ya.

   < Siento mucho decirle que debo denegar el permiso: la extracción de agua subterránea puede causar un impacto ambiental muy negativo en la agricultura de la zona.

_____

_____

9

(11)

Escuche los enunciados y, con la ayuda de la ficha, identifique el tipo de énfasis y a qué palabras afecta.

1. ¿Dónde dices que ha sido el incendio? _____

2. Tranquilízate, que solo ha sido un trueno… _____

3. Dice el jefe que tú tienes que hacer el informe final sobre gasto energético.

_____

4. ¿Que mi hijo ha hecho qué en el colegio? _____

5. Ustedes van a hacer hoy la comida, que nosotras nos vamos a una exposición al Museo del Prado.

_____

6. Te he repetido varias veces que el plástico va al contenedor amarillo.

_____

7. ¿Que Marta ha sembrado un aguacate cómo? _____

8. ¿Este producto tan contaminante se sigue vendiendo? _____

Expresiones enfáticas:

Utilizamos el énfasis para resaltar una palabra o una expresión con la intención de darle más fuerza e importancia en un contexto. Distinguimos:

1. **Énfasis de intensidad y entonación.** Se da cuando no se ha oído bien o no se puede creer lo que se ha oído: *¿Que debo hacerlo CÓMO? / ¿Que Antonio ha dicho QUÉ? / ¿QUE TU JEFE te ha despedido? ¡No me lo puedo creer!*

2. **Énfasis para recalcar sobre quién cae la responsabilidad de algo.** *Yo no, TÚ tienes que hacer hoy la comida. / TODOS tenemos que cuidar el medioambiente.*

3. **Énfasis de gravedad.** Se emplea en situaciones delicadas o de peligro: *Pedro, CÁLMATE, que el niño está bien.*

4. **Pronunciación muy segmentada para enfatizar y recalcar algo.** *Te aviso / mañana / no / vas / a salir.*

10 Lea las siguientes situaciones y escriba una respuesta adecuada para disculparse de manera formal en cada una de ellas.

1. Tienes una reunión de trabajo importante y llegas tarde debido al tráfico.

_____

2. Has olvidado devolver un libro a la biblioteca en la fecha límite.

_____

3. Tu jefa te invitó a una fiesta y, por un malentendido, pensaste que era otro día y no asististe.

_____

4. Estás en un restaurante y accidentalmente derramas tu bebida sobre la mesa del cliente de al lado.

_____

5. Has prometido ayudar a un compañero de clase con un proyecto sobre la sequía, pero te has olvidado completamente.

_____

11 Indique qué intención observa en los verbos en negrita y proponga contextos en que pueden utilizarse.

1. > ¡No me apetece ir con vosotros, prefiero quedarme en casa!
 < ¡Tú te **vienes** con nosotros ahora mismo y sin rechistar!

_____

2. > ¿**Podrás ayudarme** a colocar estos libros? Es que no alcanzo.

 < Ay, sí, perdona, que no **me había dado cuenta.**

_____

3. > Me **habías preguntado** algo sobre mis padres, ¿verdad? Perdona, no te **había prestado** atención.
 < Sí, te **preguntaba** que cómo siguen.

_____

4. > En general, he de decir que el trabajo está muy bien. Si me permite, le **haré** unas apreciaciones, aunque seré breve. _____

 < Sí, por supuesto, gracias.

5. > ¿**Será** tan amable de envolverme el libro para regalo?

_____

 < Por supuesto, sin problema.

12 Transforme los verbos en negrita del ejercicio anterior dándoles el uso normal o «recto» en cada situación.

1. > No me apetece ir con vosotros, prefiero quedarme en casa.

   < ¡_____ con nosotros ahora mismo y sin rechistar!

2. > ¿_____ a colocar estos libros? Es que no alcanzo.

   < Ay, sí, perdona, que no _____

3. > Me _____ algo sobre mis padres, ¿verdad? Perdona, no te **he prestado** atención.

   < Sí, te _____ que cómo siguen.

4. > En general, he de decir que el trabajo está muy bien. Si me permite, le _____ unas apreciaciones, aunque seré breve.

   < Sí, por supuesto, gracias.

5. > ¿_____ tan amable de envolverme el libro para regalo?

   < Por supuesto, sin problema.

13 Ahora complete el cuadro teniendo en cuenta los ejercicios anteriores y añada nuevos ejemplos.

> **Atenuación del acto amenazador con desplazamiento temporal:**
>
> 1. **Futuro de cortesía:** se usa para _____
>
> _____
>
> 2. **Futuro de modestia:** se usa para _____
>
> _____
>
> 3. **Presente de indicativo:** se usa para _____
>
> _____
>
> 4. **Pluscuamperfecto de cortesía:** se usa para _____
>
> _____

EN USO

14 Complete los diálogos siguientes con estructuras para pedir permiso.

1. > _____

    < ¡Claro que no! ¡Adelante, mujer!

2. > _____

    < Eso ni se pregunta, chico, me encanta la idea.

3. > _____

    < Adelante, todo tuyo.

4. > _____

    < Sí, hombre, sin problema; seguro que a todos les gustará.

5. > _____

    < Por supuesto, está autorizada, Sra. Luengo.

15 Pida permiso en las siguientes situaciones teniendo en cuenta al interlocutor.

1. Para faltar a una reunión donde se organiza una ruta para el finde. El interlocutor es un amigo joven.

_____

2. Para usar el baño en la casa de unos conocidos con los que no tengo demasiada confianza. La interlocutora es una señora mayor.

_____

3. Para entrar a una sala de conferencias. El interlocutor es el portero del recinto.

_____

4. Para llegar tarde a clase. La interlocutora es la profesora de Física.

_____

5. Para entrar en el autobús antes que los demás, pues tiene problemas de movilidad. La interlocutora es una señora mayor que usted.

_____

16 **Usted es la directora de una empresa en Bogotá; dé permiso a sus empleados con y sin objeción, según considere.**

1. Perdone, ¿sería un problema si mañana salgo antes de la reunión? Es que tengo que recoger a mi hijo de la guardería.

_____

2. ¿Tiene algún inconveniente si utilizo un momento su impresora? Es que la del departamento está estropeada y necesitamos imprimir un informe.

_____

3. ¿Hay inconveniente en que comparta con mi grupo de WhatsApp la información que me ha enviado sobre las políticas de acción climática en la empresa?

_____

4. Perdone, le solicito autorización para acceder al informe sobre sostenibilidad, ¿es posible que me la dé?

_____

5. ¿Pasa algo si no reciclamos el cartón? _____

17 **Lea la conversación telefónica y complete el cuadro con las expresiones correspondientes.**

Marisa: ¡Hola, Sonia! ¿Qué tal sigues?

Sonia: Hola, Marisa. Pues vamos tirando. ¿Y tú?, ¿qué tal todo?

Marisa: La verdad es que bien, pero muy ocupada, por eso quería disculparme contigo por no haber cumplido con el plazo acordado para la entrega del trabajo. Surgió un imprevisto de última hora y no pude mandártelo a tiempo. ¡Espero que lo entiendas!

Sonia: ¡Oh, no te preocupes, Marisa! Lo entiendo perfectamente.

Marisa: Ay, muchas gracias, de verdad. Tienes que perdonarme, porque sé que para vosotros es un trastorno, pero llegó a la empresa un encargo urgente y tuve que dejarlo todo.

Sonia: Nada, tranquila, estás disculpada. Pero, por favor, para la próxima entrega espero que llegues a tiempo; es importante para nosotros cumplir con los plazos.

Marisa: ¡Gracias por comprenderlo! Sí, sí, la próxima vez cumpliré, ¡prometido!

Sonia: Eso espero. Seguimos en contacto. ¡Cuídate!

Marisa: ¡Igualmente! Hasta pronto.

Expresiones para disculparse	Expresiones para aceptar una disculpa

18 **Reaccione con expresiones de disculpa ante las siguientes situaciones.**

1. No poder asistir a una fiesta de cumpleaños.

2. No haber respondido a un correo electrónico.

3. No cumplir con la promesa de dejar de fumar.

4. Retraso en el pago de una pequeña deuda a un amigo.

5. Haber olvidado que es el aniversario de tu boda.

6. Haber dicho algo grosero en una situación inapropiada.

19 **Lea el diálogo en voz alta, con énfasis en las palabras o expresiones que aparecen en mayúscula y, a continuación, indique qué intención observa en cada una.**

1. Que no, que eres TÚ quien debe pagar la factura, no yo.

2. En serio, Ana, CÁLMATE, que de verdad no me han molestado tus palabras.

3. ¿QUE TE VAS A IR SIN DESPEDIRTE? Pues por aquí no vuelvas.

4. ¿QUIÉN dices que ha muerto?

5. ¿Que USTEDES vienen también? ¡Ni se les ocurra!

6. La niña / TU niña / ha llegado / A LAS 8 DE LA MAÑANA / de una fiesta…

20 **Transforme los enunciados en fórmulas más atenuadas y cree contextos de uso.**

1. Estate quieto, que me estás poniendo nerviosa.

_____

2. No has enfocado bien esta fotografía, se ve mal.

_____

3. ¡Quita de ahí, que no veo!

_____

4. ¡Sal de tu habitación un rato y vete a pasear!

_____

5. No tires la colilla del cigarro al suelo, es peligroso.

_____

6. Llévame a la facultad en tu coche, que se me ha averiado el mío.

_____

21 **A continuación tiene un texto con fórmulas atenuadas, transfórmelo en un texto más directo usando las expresiones adecuadas.**

Chicos, a ver si vamos terminando el trabajo, que tenemos que exponerlo la próxima semana. ¿Qué hay del compromiso de nuestra empresa con la reducción de la huella de carbono mediante la implementación de prácticas sostenibles en todas nuestras operaciones? Aún no se ha resuelto el problema para minimizar el consumo de energía y de agua, así que a ver si avanzamos con el proyecto y vamos viendo cómo reducir los residuos generados durante el proceso de producción. Además, ¿podríais terminar el apartado de la inversión en tecnologías limpias y renovables para promover un modelo de negocio más respetuoso con el medioambiente? Si no os molesta, lo revisaré todo en cuanto esté listo, espero que esté perfecto. Creemos firmemente que estas acciones contribuirán de manera significativa a la preservación del planeta para las generaciones futuras.

22 En parejas, inventen un diálogo relacionado con el tema del medioambiente para cada uno de los casos.

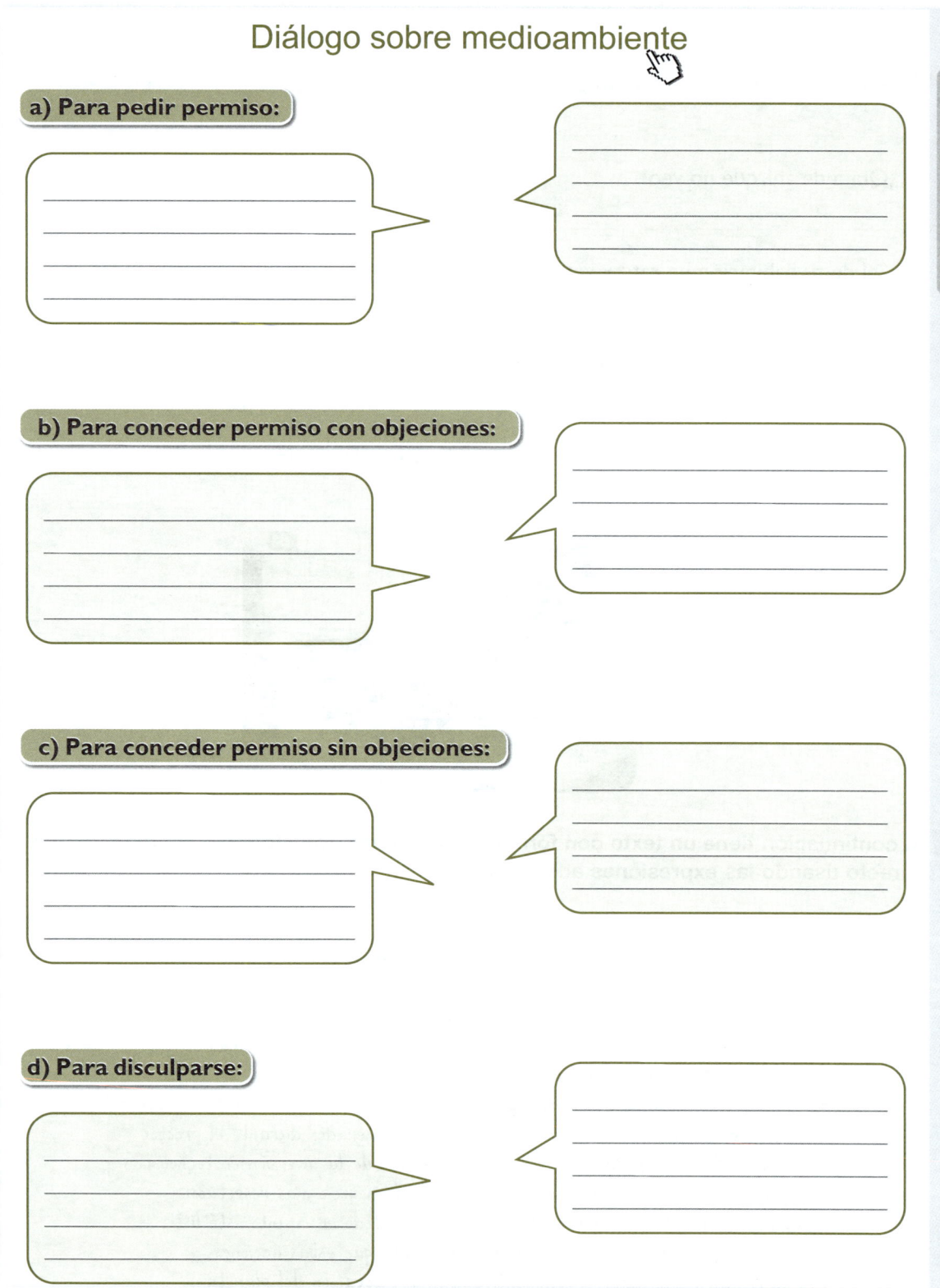

Diálogo sobre medioambiente

a) Para pedir permiso:

b) Para conceder permiso con objeciones:

c) Para conceder permiso sin objeciones:

d) Para disculparse:

¿QUÉ DIGO SI...?

1. Pregunta con énfasis sobre la subida de la temperatura en el planeta:

_____

2. Quiere pedir permiso a la comunidad de vecinos para organizar una fiesta en su casa:

_____

3. Da permiso con objeción para admitir el pago del alquiler de su piso una semana más tarde:

_____

4. Ha conocido la nueva casa ecológica de su prima y da una opinión con entonación segmentada enfática: _____

5. Pregunta con cortesía si le permiten colocarse en la primera fila del concierto; tiene problemas de visión: _____

6. Da una orden contundente, en presente, a un alumno de primaria que no quiere hacer la tarea: _____

7. Su hija quiere una moto. Usted le deniega el permiso de manera contundente:

_____

8. Ha metido la pata con un colega al decirle algo y se disculpa:

_____

9. Va por la calle y un chico le da un golpe con el patinete, se disculpa y usted acepta esa disculpa, pero con objeciones: _____

10. Está en el teatro y cerca de usted están hablando unos jóvenes, les pide que se callen (con plural inclusivo): _____

¡La de barbaridades que dices!

¡FÍJESE!

(12)

¡Vaya bufé generoso! ¡Menudo desayuno nos vamos a pegar!

¿**Sería tan amable de** prepararme una tortilla de queso con tomate y acompañarla con un buen trozo de beicon?

¡Faltaría más, señor! ¡A mandar!

Gracias, muy amable.

No ha... de qu...

Mira, Carlos, ¡¡¡esos gofres deben de **estar de muerte**!!!: tienen una pinta... Cojo tres...

Carmen, ¡que tienes el colesterol muy alto! Tú ya verás...

Ay, chico, **¡la de barbaridades que** dices...!, no es para tanto. Y un día es un día. Anda, anda...

Desde luego... eres pero qu... muy golosa, ¿e...

OBSERVE Y REFLEXIONE

1 Indique cómo es el tratamiento de Carlos hacia el cocinero en su interacción.

_____

2 Carlos dice *¿Sería tan amable de prepararme...?* Aquí tiene otras estructuras para pedir un favor de manera atenuada. Clasifíquelas de mayor a menor grado de formalidad y piense en un contexto para cada una.

1. No te imaginas el favor que me haces si me preparas una tortilla. ☐

2. Hazme un favor, prepárame una tortilla. ☐

3. ¿Puede hacerme el favor de prepararme una tortilla? ☐

4. ¿Me harías el favor de prepararme una tortilla? ☐

5. ¿Serías tan amable de prepararme una tortilla? ☐

6. Te estaría tremendamente agradecido/a si me prepararas una tortilla. ☐

3 Observe las respuestas del cocinero, ¿qué le quiere decir? ¿Conoce otras fórmulas similares?

_____

_____

4 Ante el agradecimiento de Carlos, ¿con qué expresión le responde el cocinero? ¿Conoce otras similares?

_____

_____

5 Lea las expresiones del cuadro e indique si se emplean en contextos neutros, formales o informales.

ⓘ

Para responder de manera positiva a una petición, usamos:

• *Faltaría más.* _____

• *A mandar.* _____

• *Por supuesto, estamos / estoy a su disposición.* _____

Para responder a un agradecimiento, usamos:

• *No hay nada que agradecer.* _____

• *No hay de qué.* _____

• *Nada, no te preocupes.* _____

• *No se merecen.* _____

• *Nada, hombre / mujer.* _____

• *No es nada.* _____

• *Estamos / estoy a su disposición.* _____

6 Carlos está impresionado con el extraordinario bufé. Señale las expresiones que emplea para enfatizar. ¿Podría encontrar expresiones sinónimas también intensificadoras?

[
_____

_____
]

7 Carmen también está sorprendida con la calidad y la variedad del desayuno. Reescriba el segundo diálogo del *¡Fíjese!* moderando la expresión para indicar un registro más neutro.

_____

_____

_____

_____

8 Explique qué indica Carmen con la expresión *¡La de barbaridades que dices!* ¿Y a qué se refiere Carlos con *Eres pero que muy golosa?* ¿Qué rasgo destacaría de estas fórmulas?

ⓘ

Cómo podemos intensificar la expresión:

• *Juan dice muchas mentiras.* → *¡La de mentiras que dice!*

• *Es muy soso.* → *Es pero que muy soso.*

9 **Ahora transforme estas oraciones empleando fórmulas enfáticas.**

1. Alejandra se ha puesto muy enfadada. _____

2. La sopa está muy fría. _____

3. Nos llevaron a ver un pueblecito muy bonito. _____

4. Es un chico muy travieso y muy inquieto; no para en todo el día. _____

5. Le dieron muchos aplausos al acabar la exposición. _____

10 **Carmen utiliza la expresión *estar de muerte* para referirse a los gofres porque deben de estar muy ricos. Observe otras expresiones con *ser* y *estar*, y deduzca el significado en los contextos de uso.**

1. > Madre mía, Luis, este bebé **está para comérselo.** Y mira cómo sonríe… Es un amor.

< ¿A que sí? Estoy loco con mi nietecillo.

2. > Pedro, la tarta **está de miedo.**

< Me alegro mucho de que te guste.

3. > ¡Vaya! Hoy el jefe **está hecho una fiera.** No sé qué diablos le pasa…

< Debe de ser la subida del alquiler de los equipos. No se lo esperaba y ha sido un jarro de agua fría en estos momentos de final de año.

4. > Caramba con tu madre. ¡¡¡¡Pues no me dice que tengo que abrir la ventana cuando me levante para que ventile la habitación antes de hacer la cama!!!!

< Sí, **es más papista que el papa.** Genio y figura hasta la sepultura.

> *Genio y figura hasta la sepultura:* dicho popular con el que se expresa que alguien tiene estas características y que no cambia con el paso del tiempo.

5. > Esta chica no valora mi trabajo; **soy un cero a la izquierda** en el proyecto.

< Anda, no te mortifiques. Sabes que eres un tío muy capaz.

11 **Poner el adjetivo delante o detrás del sustantivo no siempre puede expresar lo mismo. Indique las diferencias y elabore diálogos.**

Usados delante del sustantivo:

Suelen aparecer en contextos exclamativos.

Buen _____

Valiente _____

Bonito _____

Menudo _____

Usados detrás del sustantivo:

Bueno _____

Valiente _____

Bonito _____

Menudo _____

12 **Lea el siguiente intercambio y conteste a las preguntas.**

Luisa: Mira, ya llegaron las chicas.

Carmen: Menos mal… ¡Vaya horas!

Luisa: ¿No pensarías que quedando con Pepa íbamos a empezar puntuales? Casi nunca llega a tiempo esta chica.

Carmen: Desde luego, hasta llegó tarde su primer día de trabajo.

* * *

Pepa: Hola, chicas, perdonad el retraso… es que… el tráfico…

Luisa: ¿Tendrás la desfachatez de decir que la culpa ha sido del tráfico? ¡Pepa, por favor! ¡Será posible!

Carmen: Desde luego, ¡si lo sabré yo que es una excusa! Ya la conocemos. La queremos mucho, pero ya estamos un poco hartas, la verdad. Como la próxima no llegues a tiempo…

Luisa: Sí, es verdad, Pepa, eres muy impuntual. Vas a tener problemas en la vida, no ya con nosotras, que somos tus amigas, sino en el trabajo, con los conocidos, los compañeros… Te hemos avisado, tú ya verás…

Pepa: Tenéis toda la razón. Lo siento.

1. ¿Dónde cree que están Luisa y Carmen? _____

2. ¿A qué momento corresponde la acción de *Mira, ya llegaron las chicas?* Fíjese en la imagen.

3. ¿Qué valor expresa el condicional *¿No pensarías que…?* _____

4. Busque un sinónimo para *hasta* en la segunda intervención de Carmen. ¿Qué valor tiene en este contexto? _____

5. ¿Qué expresión se emplea en el diálogo para expresar sorpresa? _____

6. ¿Y para expresar una afirmación rotunda, tajante? _____

7. ¿Se produce alguna amenaza entre las interlocutoras? _____

Otros valores de algunos tiempos verbales:

- **Indefinido** para referirse al momento presente dicho un poco antes de que suceda la acción: *Mira, ya llegaron* (dicho antes de que el coche se haya detenido).
- **Condicional simple** para expresar advertencia: *No pensarías que yo era la responsable, ¿verdad?*
- **Futuro simple para**
  - manifestar sorpresa: *¿Será listo este chico?*
  - expresar amenaza: *Ya verás…*
  - afirmar contundentemente: *¡Lo sabré yo…!*

13 En el diálogo las chicas se lamentan de la tardanza de sus amigas. ¿Qué fórmula emplean? Transforme estas frases en estructuras que denoten queja.

1. La cocina está muy desordenada. _____

2. Tiene un fuerte dolor de cabeza. _____

3. Hoy todo le sale mal. _____

4. Hace un día muy malo. _____

5. El tren ha sido muy impuntual. _____

14 Preste atención al indefinido, a los futuros y al condicional del diálogo del ejercicio 12. Subraye el valor temporal que adquieren en ese contexto.

1. *Ya llegaron.* → presente, pasado, futuro

2. *No pensarías que…* → presente, pasado, futuro

3. *¿Tendrás la desfachatez…?* → presente, pasado, futuro

4. *¡Será posible!* → presente, pasado, futuro

5. *¡Si lo sabré yo!* → presente, pasado, futuro

15 En ese mismo diálogo, las amigan lanzan algunas amenazas a la impuntual Pepa. Observe las siguientes fórmulas y decida si son coloquiales o neutras. Indique un orden de mayor (+ +) a menor grado (- -).

Esto no va a quedar así. _____

Te las verás conmigo. _____

O haces esto o te denuncio. _____

Te arrepentirás de lo que has hecho. _____

Tú habla y verás. _____

Te juro que te vas a arrepentir de lo que has hecho. _____

Me las pagarás. _____

Nos veremos las caras. _____

16 Lea esta carta de un vecino y detecte las fórmulas de amenaza que emplea. ¿De qué cree que está hablando? ¿a qué se debe su actitud?

VECINOS DEL TERCERO:

ANOCHE TODO EL BLOQUE ESCUCHÓ CÓMO SALTÓ POR LOS AIRES EL SEPTO DE DESEMBARCO DEL REY.

COMO MAÑANA ESCUCHEMOS OTRO CAPÍTULO, OS CONTAMOS LO QUE PASA CON LOS DRAGONES.

DEJADNOS DESCANSAR O NO DESCANSAREMOS HASTA DESTROZAROS LA SERIE SPOILER TRAS SPOILER.

ATENTAMENTE.

EL NORTE NO OLVIDA

_____

_____

_____

_____

17 Escuche los diálogos y marque las fórmulas de intensificación que detecte.

(13)

1. > Esta niña es muy estudiosa.

   < Pero que muy estudiosa; ya lo creo.

2. > ¡La de veces que te he dicho que hagas la maleta! Al final pierdes el tren.

   < Ya voy, pesaaada.

3. > ¿Por qué tienes esa cara, Francis?

   < Menudo lío se ha montado en el taller…

4. > Juan está hecho una fiera. Se ha pasado toda la mañana gritándole a todo el que se le ponía delante.

   < Sí, últimamente está insoportable. No sé qué le pasa.

5. > Su homenaje por jubilación va a ser un acto multitudinario.

   < Ya lo creo; viene hasta el alcalde.

6. > ¡Vaya calor que hace!

   < Sí, ya ha llegado el veranito…

EN USO

18 ¿Qué fórmula para pedir un favor usaría en estos contextos?

1. (Una persona de mediana edad) Necesita ayuda para abrir una botella en casa de su amigo.

_____

2. (Una joven a un camarero) Pide un vaso de agua en una cafetería.

_____

3. (Usted) Solicita la firma de su cliente en la notaría.

_____

4. (Una señora mayor a un joven) Necesita ayuda para subir la escalera.

_____

5. (Un niño en una tienda) Pide, por favor, unas golosinas.

_____

6. (Un taxista) Solicita al cliente hacerle el pago con tarjeta.

_____

7. (Un árbitro) Pide ver la repetición de la jugada del partido de fútbol.

_____

8. (Un amigo) Pide un bolígrafo a otro amigo.

_____

9. (Una madre) Quiere que su amiga se quede con el bebé una noche para ir a una boda.

_____

19 Complete las intervenciones con una expresión enfática con *ser* o *estar*.

1. > Buenas, Pedro, ¿qué tal vas?

< No me hables, tengo un cabreo… Reconozco que _____

2. > Dice que nadie la valora en la empresa, que no sabe qué hacer ya.

< Ay, pobre Inés, si es que la tratan como si _____

3. > El bebé de Marta está gordito gordito; es una belleza.

< Desde luego, _____

4. > ¡¡¡No puedo entender por qué siempre llegas tarde!!! Ya sabes que es algo que no soporto.

< Anda, Pepe, que solo han pasado diez minutos. _____

5. > Estas chuletillas de cordero _____. Hazme un favor: ponme en un envase para llevar las que han sobrado.

< Desde luego, faltaría más.

20 **Responda a los agradecimientos según los contextos de uso, ya sean estos formales o informales.**

I. En una reunión de trabajo.

> ¿Puede hacerme el favor de acercarme el dosier del evento?

< Claro.

> Muy amable.

< _____

2. Entre amigas.

> Oye, Pilar, mil gracias por enviarme las fotos del viaje a Praga.

< _____

3. En la recepción de un hotel.

> Señor Lozano, pues esta es su tarjeta y aquí tiene la clave del wifi.

< Muy agradecido.

> _____. Cualquier cosa que necesite solo tiene que llamar al 9, que es la recepción.

4. En el bar que hay junto a tu lugar de trabajo.

> Pedro, ponme dos pinchos y dos aguas con gas. Y cóbrame, porfa.

< Ahora mismo, Luis.

> Muchas gracias, hombre.

< _____

21 **Intensifique la expresión en el siguiente diálogo.**

> Te he dicho muchas veces que debes vigilar la alimentación. _____

< Pero si ahora estoy comiendo verdura. _____

> Sí, pero no te olvidas de los fritos.

< Es que las tortillitas de camarones están muy ricas. _____

> Eso no es cuidarse. _____

22 **Lea las intervenciones y pida un favor en cada caso.**

I. En el andén de una estación tren.

> (Un joven): ¿Le ocurre algo?

< (Un señor mayor que pide ayuda para subir al vagón):

_____

2. En un supermercado.

> (Una mujer de mediana edad que necesita coger un paquete de cereales que están en una balda muy alta): _____

< (Un chico joven): Aquí tiene, señora. De nada.

3. En una discoteca.

> (Una chica joven): Oye, Alicia, te has olvidado la chaqueta en aquel sofá.

< (Otra chica joven le pide el favor de que se la recoja): _____

4. En un pasillo de la universidad.

> (Un chico joven que necesita que su profesora le mande una tarea): Profesora, ayer no puede venir a clase. _____

< (La profesora): La tienes disponible en el campus virtual.

5. En la farmacia.

> (La farmacéutica): Buenos días, doña Carmen, ¿qué necesita?

< (Una señora mayor que quiere tomarse la tensión): _____

23 **Reaccione con mayor expresividad y de manera intensificada a estas situaciones.**

1. Se sorprende porque su amigo no le ha invitado a su boda.

_____

2. Su hermana ha conseguido un buen puesto en la compañía.

_____

3. La tarde se ha puesto muy fría.

_____

4. Pide que le corten una loncha grande de jamón.

_____

5. Una mujer se enfada porque han tenido un gesto feo con ella.

_____

6. Su amiga ha adoptado en la protectora de animales un perro precioso.

_____

24 Escuche los diálogos y reaccione positivamente y con disponibilidad. Después escuche algunas posibles respuestas.

(14)

1. > Camarero, ¿sería tan amable de traerme un poco de sal?

< _____

2. > Señorita, llevo media hora esperando, ¿me podría hacer el favor de atenderme?

< _____

3. > Muchísimas gracias por esta amable invitación, Sr. Peláez.

< _____

4. > ¡Vaya, Pablo! Te agradezco enormemente que me acompañes a casa.

< _____

5. > ¿Te importaría tender la lavadora? Es que estoy preparando la comida.

< _____

6. > Siento haberte molestado este fin de semana teniendo que cuidar de mi perrito; muchísimas gracias por el favor.

< _____

25 Reaccione de manera expresiva ante estas imágenes. Utilice fórmulas intensificadoras.

A _____

B _____

C _____

D _____

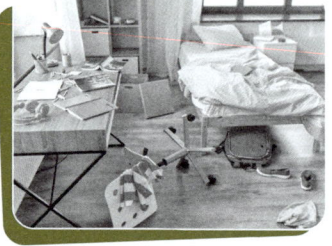

26 **Modifique la forma del verbo en mayúscula en cada enunciado para expresar los significados que se indican entre corchetes.**

1. María ha denunciado a su inquilino porque no le paga. Yo ya lo SÉ. [Afirmación tajante].

_____

2. Mira, ya VIENEN. [Se las ve venir, aún no han venido].

_____

3. Yo no usé tu ordenador, ¿tú CREÍAS que era yo? [Advertencia o temor].

_____

4. ERES una persona muy imprudente. [Sorpresa].

_____

¿QUÉ DIGO SI...?

1. Ve a un chico pegándole a un perro: _____

2. Quiere pedirle al cliente de la mesa de al lado que se quede pendiente de su maleta mientras va al aseo: _____

3. Un policía amenaza a un ladrón que le ha robado el bolso a una señora:

_____

4. Responde a su amiga que le agradece el plato que le ha preparado:

_____

5. En la pastelería pide un trozo grande de tarta: _____

6. Le sorprende la soltura de su compañero: _____

7. Le asombra que su vecina sea tan desagradable: _____

8. Comenta que su pareja se deshizo en halagos hacia usted: _____

_____

ℹ FÍJESE!

(15)

Estoy preocupada, yo no veo nada bien; tengo que ir al oftalmólogo ya.

Haces bien, no esperes más.

¿Y si pido cita para la semana que viene?, ¿vendrías conmigo? **Es que me agobia** ir sola.

Pues **no cuentes conmigo, que** estoy fuera toda la semana.

Vaya, ¡gracias po[r] tu ayuda!

¡Está terminantemente prohibido subir a la vivienda debido a la acumulación de humo!

¡Qué horror!, ¿qué ha pasado?

No lo sé, pero ¡¡¡**estoy aterrorizada**, mi perrito está en casa!!!

¡Vaya, **menudo susto**! Pero ya está controlado, ¿verdad?

Sí, pero yo ten[go] el corazón e[n] un puño.

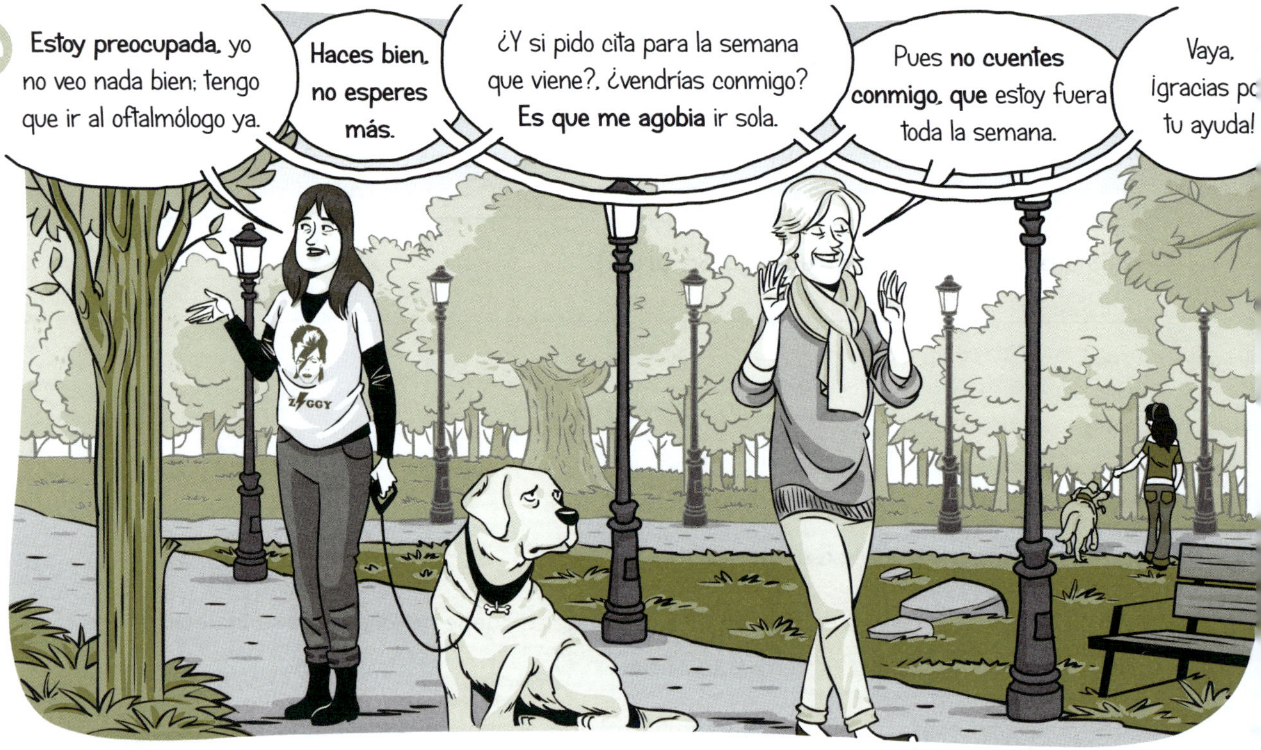

OBSERVE Y REFLEXIONE

1 Complete la tabla con expresiones correspondientes de los diálogos del *¡Fíjese!*

Para expresar aprobación	Para expresar miedo y preocupación	Para expresar prohibición
_____	_____	_____
_____	_____	_____
_____	_____	_____
_____	_____	_____

2 ¿Encuentra alguna estructura para expresar desaprobación o falta de ayuda?, ¿cuál?

_____

3 Observe de nuevo los diálogos y ordene de menor a mayor énfasis las estructuras que expresan miedo, ansiedad y preocupación.

Menos enfáticas	
Más enfáticas	

4 ¿Con qué propósito pronuncia una de las chicas la expresión *¡Gracias por tu ayuda!*?

_____

5 Observe los diálogos del *¡Fíjese!* y localice algún conector causal e indique si es de un registro formal o coloquial.

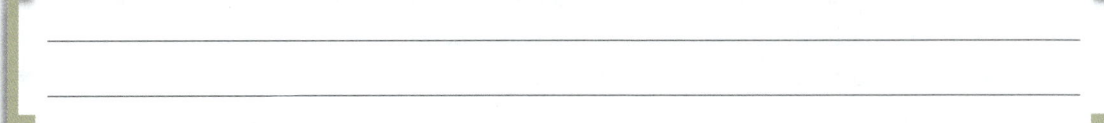

_____
_____

6 **Observe los diálogos y explique las expresiones irónicas que encuentre.**

1. > ¡Que me dejes en paz, que estoy agotado!
   < ¡Bonita forma de responder! Soy TU madre.

_____

2. > ¿PERO qué te ha pasado?
   < Nada, que se me han roto dos muelas y no veas cómo me duele. Desde luego, ¡qué buena suerte tengo!

_____

_____

3. > Vengo de darme un masajito en la espalda y después me he tomado una tapita en el bar de abajo.
   < ¡Ay, no sufras tanto, por favor!

_____

4. > ¡El peluquero, muy profesional él, me ha hecho un corte de pelo horrible!
   < Pues si tú no lo dices, casi no se te nota…

_____

5. > ¡Cómo te cuidas, colega, con TUS comilonas, TUS vinitos, TU tabaco, TU sofá…!
   < ¡Mira que eres buen amigo!, ¿eh?

_____

6. > ¡Menudo discurso ha dado el presidente de la comunidad, no he comprendido ni una palabra!
   < ¡Es que se expresa como un libro abierto!

_____

En ocasiones utilizamos las mentiras irónicas para expresar menosprecio, insultar o ridiculizar:

¡Gracias por el libro que me prometiste! (Cuando no le ha dado el libro).

¡Qué buena dieta estás siguiendo, has adelgazado cien gramos en un mes! (He bajado muy poco de peso).

¡Se ha comprado una bicicleta baratísima, se ve que no anda bien de dinero! (Cuando ha comprado una bicicleta muy cara y tiene mucho dinero).

Otras veces la ironía se muestra con estructuras comparativas metafóricas:

¡Come como un pajarito! (Cuando una persona come mucho).

¡Habla como un loro! (Cuando una persona habla poco).

7 En los diálogos anteriores hay algunas palabras destacadas en letra mayúscula. ¿Podría decir por qué?, ¿qué sentido añaden a los textos?

8 Lea los diálogos y diga qué expresiones se utilizan para aprobar un hecho y cuáles para desaprobarlo. Indique también si son formales, coloquiales o neutras.

1. > Tiene usted que controlar sus nervios, pues le dan una mala imagen.

< Estoy de acuerdo con usted, no tengo nada que objetar, le haré caso, señor.

2. > Si quieres vamos juntos a una nutricionista, hemos cogido demasiado peso y es peligroso.

< ¡No cuentes conmigo, no estoy dispuesto a que me organicen lo que debo comer!

3. > Oye, papá, ¿me prestas dinero para que me haga una operación de estética? Es que no me gustan nada mis orejas.

< ¡Que te crees tú eso! Yo no doy ni un céntimo para una operación, te aguantas con las orejas que tienes.

4. > Me lavo las manos cien veces al día, creo que es lo mejor para evitar enfermedades.

< Haces mal, pues curiosamente la higiene excesiva puede ser perjudicial.

5. > Desde el Ayuntamiento queremos construir un nuevo centro deportivo para la juventud. ¿Qué le parece, señor presidente?

< Cuente con mi visto bueno, me parece una idea excelente.

ℹ

Expresiones para aprobar o estar a favor de un hecho:

Lo apruebo. [Formal]
No tengo nada que objetar. [Formal]
Cuenta con mi aprobación / visto bueno. [Formal]
Doy mi aprobación. [Formal]
¡Así me gusta! [Informal, coloquial]
¡Así se hace! [Informal, coloquial]
Me posiciono a favor de… [Formal]
Haces bien. [Neutro]

Expresiones para desaprobar o estar en contra de un hecho:

No cuentas / cuentes con mi aprobación. [Formal]
Me opongo a… [Neutra]
Condeno… [Formal]
Me parece horrible que… [Informal]
No estoy dispuesto a tolerar… [Neutra]
No consiento que… [Neutra]
Me resulta lamentable que… [Formal]
Me posiciono en contra de… [Formal]
No cuentas con mi visto bueno. / No te doy mi visto bueno. [Formal]

9 Escuche el diálogo y responda a las preguntas.

(16)

> ¿Qué te pasa, que vienes con la cara descompuesta?

< ¡Madre mía! ¡Qué preocupada estoy!

> ¿Y eso? Cuenta, que me tienes angustiada de verte así.

< Que vengo de tomarme la tensión y la tengo por las nubes y dice el médico que es MUY peligroso. Encima, he estado leyendo mucho sobre los riesgos para la salud asociados con la presión alta y casi me muero de miedo… No sabes cómo me agobia esto.

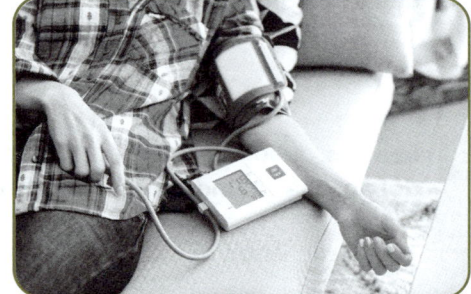

> ¡Vaya, menudo susto! Pero bueno, no te pongas así, que es algo que padece mucha gente. Tú cuídate y sigue las pautas del médico y seguro que mejoras.

< Ya lo sé, pero en el fondo ya te digo que estoy atemorizada.

> No es para tanto. Pensé que tenías algo más grave.

< Sí, claro, no es para tanto porque es MI salud, no TU salud…

> Te lo digo en serio, tómate las cosas con más tranquilidad, come bien, no tomes sal, muévete más y ya verás cómo esa tensión se controla.

< Tú di lo que quieras, que no me vas a convencer…

> Yo solo quiero tranquilizarte, pero si sigues con esa actitud, ¡¡¡apáñatelas como puedas…!!!

a) ¿Qué expresiones del diálogo indican miedo, ansiedad o preocupación?

_____
_____
_____
_____
_____

b) Anote todas las órdenes y recomendaciones que escuche.

_____
_____
_____
_____
_____

c) ¿Ha escuchado alguna expresión especialmente enfática? ¿Con qué propósito cree que se pronuncian?

_____
_____

10 Empareje los enunciados de ambas columnas. Después, diga si se admite o se rechaza la prohibición e imagine contextos e interlocutores posibles para cada uno.

1. No te permito que llegues a las tres de la mañana.	**a)** ¡Porque lo ponga ahí! Me da igual, yo necesito un trabajo y pego aquí mi anuncio.
2. Prohibido fijar carteles. Responsable: la empresa anunciadora.	**b)** Te pongas como te pongas voy a venir más tarde.
3. Señor, queda terminantemente prohibido el uso del teléfono móvil por interferencias.	**c)** ¡Porque tú lo digas! Paso porque me da la gana.
4. ¡No pase por ahí, por favor, que está recién fregado!	**d)** Esté o no prohibido paso ahora mismo, pues están haciendo *bullying* a mi hijo.
5. Usted no puede mandar esa carta, destrozaría el nombre de la empresa.	**e)** Sí, sí, lo apago ahora mismo, perdone.
6. Le recuerdo que está prohibido, por la Ley de Protección de Datos, hacer públicos los datos personales.	**f)** Me temo que ya es tarde, salió anoche a la luz.
7. Como director de este periódico, les prohíbo que publiquen esa noticia.	**g)** Lamento mucho la situación, pero la decisión está tomada, la enviaré igualmente.
8. El director está reunido y no pueden pasar. Vengan más tarde, en el horario de tutoría.	**h)** Tal vez sea ilegal, pero será difícil convencerme, los demás deben conocer quién fue el culpable del bulo.

ℹ

Expresiones para prohibir de forma general:
Queda terminantemente prohibida la entrada de mascotas.
Está prohibido fumar en el interior.
No está permitido jugar al fútbol en el recinto.

Expresiones para prohibir de forma personal:
No (te/le) permito que llegues/llegue tarde.

Expresiones para rechazar una prohibición:
Digas lo que digas, lo haré.
Porque tú lo digas.
Te pongas como te pongas, iré.
Esté o no prohibido, mi perrito entra en esta tienda.
¿Que no puedo pasar? ¡Sí que paso!
Sí, claro, porque tú lo digas…
Lamentablemente, tengo que hacerlo.
Siento que no le guste, pero es mi decisión.
No podrá convencerme, tengo motivos de peso para seguir adelante.

11 Observe el ejemplo y responda a las preguntas de manera informal.

Ej.: > *¿Qué harías si tuvieras unos días libres?*
   < *Si tuviera unos días libres, me iba a la playa a relajarme.*

> **Uso del pretérito imperfecto de indicativo en lugar del condicional**
>
> El imperfecto implica más determinación en la ejecución de la acción verbal, indica que se realiza de forma más expeditiva, más deliberada, más segura. Además, aporta un matiz informal a la situación.

1. > ¿Qué harías si alguien entrase a robar en tu casa?

   < _____

2. > ¿Qué harías si fueras invisible?

   < _____

3. > ¿Qué harías si encontrases un pelo en la sopa en un buen restaurante?

   < _____

4. > ¿Qué harías si en una analítica te detectasen el colesterol alto?

   < _____

5. > ¿Qué harías si te tocase la lotería?

   < _____

6. > ¿Qué harías si pesaras 100 kilos?

   < _____

EN USO

12 Teniendo en cuenta las respuestas, complete los diálogos (procure que sean contextos relacionados con la salud y el cuidado personal).

1. > _____

   < ¡Que te crees tú eso! ¡No estoy dispuesta a tolerar semejante locura!

2. > _____

   < Por supuesto, no tengo nada que objetar ante su propuesta.

3. > _____

   < Me parece pésima la postura que has tomado, tú verás; es tu salud lo que está en juego.

4. > _____

   < ¡Ni se te pase por la imaginación! ¡Por encima de mi cadáver!

5. > _____

   < Claro que sí; cuenta con mi autorización.

13 Reaccione con expresiones de miedo, ansiedad o preocupación, e invente los contextos en los que se dan los diálogos.

I. Acabo de ver las noticias en la tele, qué penita me da ver a tantos niños muertos en las pateras cuando intentan llegar a Europa.

_____

2. ¿Qué tal tu nuevo vecino?, ¿ya lo conoces?

_____

3. El curso para el manejo del robot quirúrgico es muy complicado, no sé si lo aprenderé a usar bien.

_____

4. ¿Qué ha pasado finalmente con ese niño que ha desaparecido?

_____

5. La situación es muy delicada, señores, pues la desaparición de las abejas podría suponer la extinción del ser humano.

_____

14 Invente comparaciones que puedan transmitir ironía. Fíjese en el ejemplo.

Ej.: _Juan corre tan rápido como una tortuga. ¡Llegará el primero a la meta!_

1. _____

2. _____

3. _____

4. _____

5. _____

6. _____

7. _____

8. _____

15 Observe la imagen y, en parejas, expresen cada una de las prohibiciones, inventen contextos donde puedan utilizarse y respondan, con fórmulas adecuadas, para rechazarlas.

Ej.: En una tienda de barrio.

> *Lo siento, pero en este local está terminantemente prohibida la venta de bebidas alcohólicas a menores de 18 años.*

< *Sí, claro, porque tú lo digas.*

16 Transforme los enunciados en mentiras irónicas. Fíjese en el ejemplo.

Ej.: *El vecino de tu amigo ha envejecido mucho.* → *Acabo de ver a tu vecino, está jovencísimo.*

1. El vendedor es muy antipático. _____

2. La película es de mucho miedo. _____

3. Alguien lleva unas gafas enormes. _____

4. Hablas con alguien que no hace deporte jamás. _____

5. Te encuentras con tu vecina cuando está paseando a su perro, que es muy pequeño.

_____

17 Usted ha leído una noticia sobre la prohibición de anunciar refrescos y bebidas azucaradas. Escriba un correo electrónico a un periódico en el que se muestre a favor o en contra de tal medida.

| | ↩ Responder | → Reenviar | 🖴 Archivar | 🔥 No deseado | 🗑 Eliminar | Más ⌄ |

Para:
De:
Asunto:

_____
_____
_____
_____
_____
_____
_____
_____

18 **Reaccione con expresiones de miedo, ansiedad y preocupación ante las siguientes situaciones.**

1. Anuncian un gran terremoto. _____

2. En la prensa lee que ha aumentado el suicidio entre los jóvenes.

_____

3. Su reloj inteligente le indica que usted tiene un alto índice de estrés.

_____

4. Acaba de oír un ruido enorme, se asoma al balcón y observa que ha habido un grave accidente de moto.

_____

5. Su nieto se ha caído de la bicicleta, pero ha sido un pequeño accidente.

_____

19 **Transforme los siguientes enunciados en declaraciones de desaprobación.**

1. Estoy de acuerdo contigo, me parece correcto que permanezcas ajeno al asunto.

_____

2. Sí, sin problema, apruebo la operación de rodilla.

_____

3. Por supuesto, no tengo prisa en cobrar, puede pagarme cuando mejor le convenga.

_____

4. Sí, cariño, me parece bien, mañana vamos a la tienda y te regalo un nuevo móvil.

_____

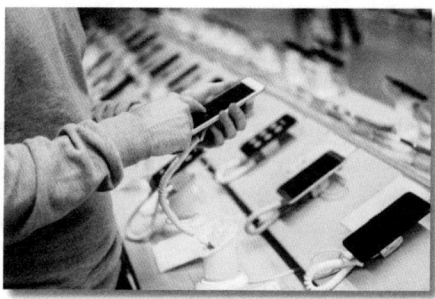

5. Le autorizo a que defienda ya su tesis doctoral; creo que ha realizado un buen trabajo.

_____

6. Vale, no te vayas aún a la cama, es temprano todavía.

_____

20 Transforme los enunciados en fórmulas más coloquiales cambiando los conectores.

1. Llegaré tarde a la cena, debido a que hay mucho tráfico.

_____

_____

2. Me voy a echar una siesta, pues me encuentro muy cansado.

_____

_____

3. No he podido ir al gimnasio por culpa del dolor de espalda.

_____

4. Ha decidido abandonar las clases de chino, dado que le estresaban mucho.

_____

21 ¿Cómo diría los siguientes enunciados de manera más coloquial?

1. Si hubiera una actuación de tango mañana, iría a verla.

_____

2. Si supiera cocinar, me presentaría a un concurso de cocina.

_____

3. Sin problema me iría a vivir a Australia si tuviera allí un buen trabajo.

_____

AUS
TRA
LIA

4. Si él escribiera bien, podría publicar sus memorias, pues ha tenido una vida muy interesante.

_____

22 Club de debate: debatan sobre algunos de los siguientes refranes, de manera que unos estudiantes presenten una posición a favor y otros en contra. Para ello deben emplear las estructuras adecuadas.

> **A quien madruga Dios le ayuda.**
>
> **Más vale pájaro en mano que ciento volando.**
>
> **De grandes cenas están las sepulturas llenas.**
>
> **El tiempo todo lo cura.**
>
> **Es peor el remedio que la enfermedad.**

¿QUÉ DIGO SI...?

1. Dice a su pareja con ironía que ha planchado muy mal la camisa:

_____

2. Explica con miedo a un colega que tiene una consulta en el dentista para hacerse un implante:

_____

3. Le preguntan por la salud de su padre y responde que está muy grave en la UCI. Usted está muy preocupado/a:

_____

4. Le piden permiso para un ensayo clínico con su perrita; expresa su rechazo rotundo:

_____

5. Le preguntan su opinión sobre la decisión de la dirección de la empresa de concentrar la jornada laboral en cuatro días. Lo aprueba:

_____

6. Prohíbe a su hermano que vaya en moto a clase; él le responde rechazando la prohibición:

_____

7. Le preguntan si se teñiría el pelo si le salieran canas. Responde de manera informal y contundente:

_____

8. Enfatiza que usted ha terminado el Camino de Santiago sin ninguna ampolla en los pies en contraste con su compañero/a:

_____

9. Quiere prohibir rotundamente masticar chicle en clase:

_____

10. Indica de manera coloquial que tiene dolor de estómago para justificar tener que tomar un té:

_____

ℹ ¡FÍJESE!

🎧
(17)

Esta empresa no va bien. Pronto nos van a hablar de una **reducción de personal**.

Hombre, **tan mal tan mal no está**.

Sin ánimo de **contradecirte**, creo que te equivocas.

¡Ah! ¿Sí? Pues a mí **me importa un pepino** lo que pase. No me voy a preocupar por ello.

María, ¿**podrás ayudarme**?

Depende, tengo que recoger a mis hijos de la guardería y voy muy justa.

Ay, hija, tú siempre con TUS hijos; yo también tengo a MIS hijos y ayudo a las amigas.

¿Quieres dejar de criticarme ya? ¿Qué necesitas?

Te vienes ahora a casa y me ayudas a colgar una lámpara. **¡Andando!**

Con tanta presión, pronto voy a **estirar la pata**.

¡Anda ya!

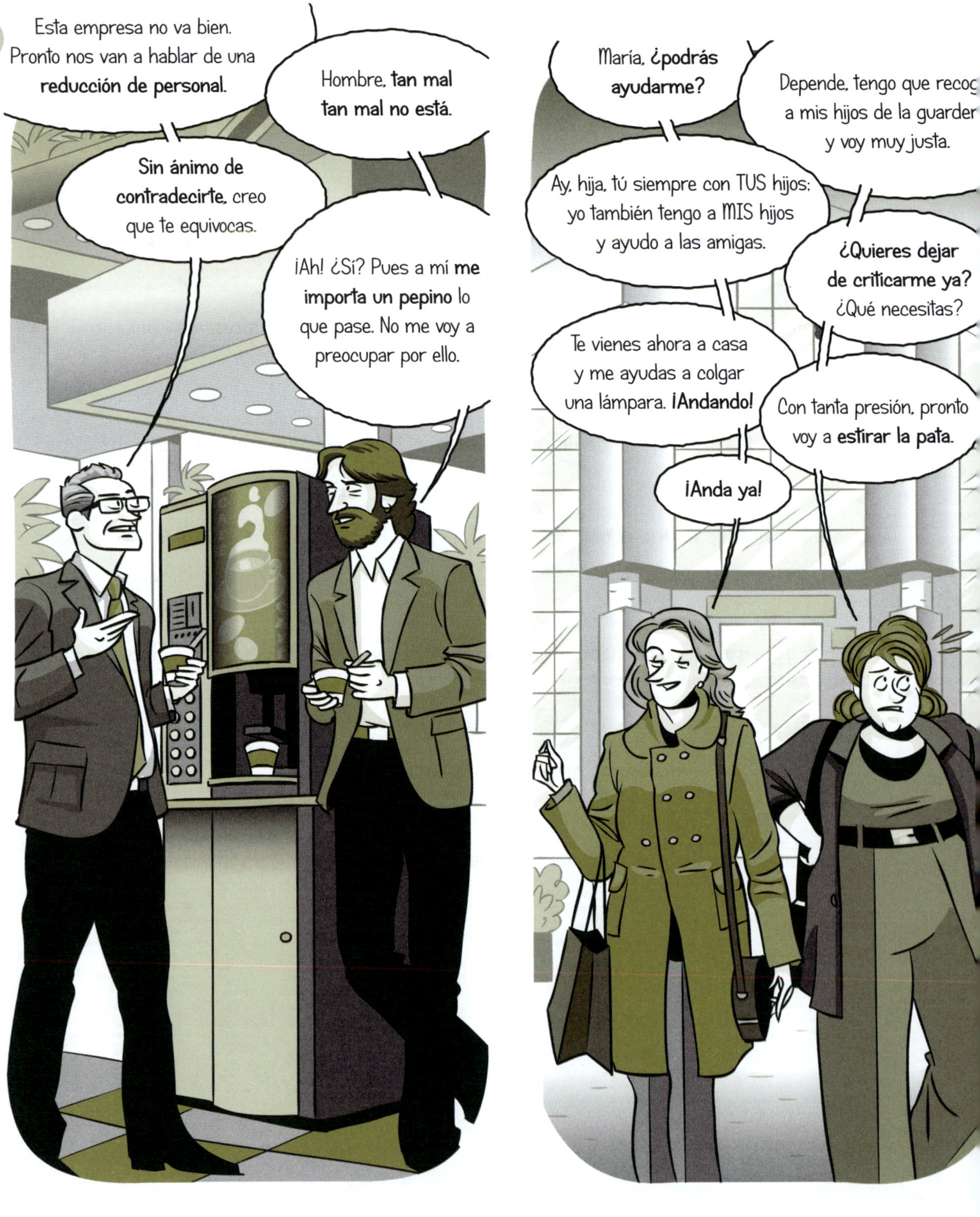

OBSERVE Y REFLEXIONE

1 En el *¡Fíjese!* los hablantes utilizan recursos para reducir la fuerza impositiva de los ruegos, las órdenes o las sugerencias. Indique cuáles son y qué intención pragmática expresan en cada contexto.

[_____]

2 En cambio, hay dos fórmulas con las que el hablante expresa abiertamente la orden. ¿Cuáles son y qué función pragmática indican en ese contexto?

_____

_____

3 Observe las fórmulas marcadas en cursiva en estos diálogos y relaciónelas con su valor atenuador.

1. > Marta, ¿dices que este ejercicio no está bien planteado?

   < *No, no es eso exactamente, es que yo lo presentaría de otra manera.* ☐

2. > La situación de la empresa es caótica; va a la deriva.

   < *Bueno, no te creas,* este trimestre ha remontado algo. ☐

3. > Juan está más para allá que para acá.

   < Hombre, *tan mal tan mal no está.* ☐

4. > *Sin ánimo de contradecirle, señor, creo* que se equivoca. ☐

   < ¿Estás seguro de lo que dice, Marcelo? Acabo de revisar el balance y…

5. > Carmina, me voy mañana a la playa.

   < *Sabes que* el sol te sienta muy mal… ☐

6. > ¿Qué tal el examen de acceso a la universidad?

   < Mal; *si hubiera contado con tu ayuda…* ☐

7. > Juan, *¿me puedes hacer el favor de* hacerme la transferencia? ☐

   < Ay, disculpa, se me ha pasado por completo. ¡Marchando!

> **a.** Repetir una idea negada.
> **b.** Elipsis de un imperativo.
> **c.** Acuerdo parcial preludio de una argumentación.
> **d.** Introducir la disculpa como acto de habla previo.
> **e.** Minimizar el desacuerdo.
> **f.** Fórmula ritual.
> **g.** Enunciado suspendido para evitar la responsabilidad del hablante.

4 **Juan discrepa de lo que dice su vecino Óscar. Establezca una escala de mayor a menor nivel de atenuación.**

Óscar: Creo que nuestro país va a entrar en recesión en breve.

Juan: a) Bueno, no creas, parece que el paro está disminuyendo y eso es un buen indicador de cambio. ☐

b) No sé, la verdad es que yo no diría eso. ☐

c) Sin ánimo de contradecirte, creo que no tienes razón. ☐

d) Me parece que te equivocas. ☐

e) Yo no digo que no sea verdad, pero creo que lo que dices es exagerado. ☐

5 **En las respuestas de Juan del ejercicio anterior, indique:**

1. dónde se produce un acuerdo parcial _____

2. con qué formula se trata de minimizar el desacuerdo _____

3. dónde se expresa ignorancia ante lo que dice el interlocutor _____

4. dónde se muestra incertidumbre por lo que dice el interlocutor _____

5. cuál introduce una disculpa en primer lugar _____

6 **Escuche ahora el segundo diálogo del *¡Fíjese!* y observe qué palabras aparecen pronunciadas con un énfasis especial y a qué puede deberse.**

(17) _____

7 **En el *¡Fíjese!* María habla de *estirar la pata,* ¿qué está queriendo decir? ¿Es un eufemismo? Señale qué significan estas expresiones e indique si son de uso formal o coloquial.**

1. *Dar la vida por:* _____

2. *Tercera edad:* _____

3. *Reducción de personal:* _____

4. *Jolín o jolines / Jopé:* _____

5. *Poco agraciado/a:* _____

6. *Invidente:* _____

7. *Conflicto armado:* _____

8. *Importar un pimiento / un pepino:* _____

9. *Trasero:* _____

10. *Camposanto:* _____

11. *Faltar a la verdad:* _____

12. *Cataplines:* _____

> **Eufemismos:**
>
> Hay fórmulas que usamos para evitar palabras o expresiones demasiado directas, ofensivas, malsonantes, palabras tabú, etc. Aunque algunos son de uso coloquial y familiar, la mayoría se emplea en el registro formal.

8 Su amiga le contesta al final a María con un *¡Anda ya!* ¿Qué quiere expresar? ¿Cree que lo hace de forma rotunda o atenuada?

_____

9 Escuche los diálogos y marque las fórmulas que se emplean para expresar desacuerdo rotundo e indique qué estrategias son más formales y cuáles extremadamente coloquiales.

(18)

1. > A Juan le ha tocado la lotería y me ha dicho que el premio está exento de impuestos.

< ¡Venga ya!

2. > ¡Qué va a estar enfermo! Si lo he visto caminar como un modelo por el centro comercial.

< Pues es lo que me habían dicho…

3. > ¡Enhorabuena, Josefa! Corre el rumor de que te ascienden en la empresa.

< Eso no tiene ningún sentido, Sergio.

4. > La vida en Madrid se está haciendo cada vez más difícil; tanto tráfico, tanto turismo, tanto ruido…

< Eso lo dirás tú. Yo vivo en pleno centro y estoy tan a gusto.

5. > Lo que dices no se sostiene, Pedro. ¿Cómo va a ser que haya más oferta de viviendas y aumente su precio?

< Pues no sé, chico, ayer lo comentaban en la radio… Igual no me enteré bien.

6. > Carolina está cada día más cariñosa.

< ¡Para nada! Está de un estúpido…

> **Fórmula para intensificar:**
> *Estar de un* + adjetivo masc. → *estar muy* + adjetivo
> *María está de un sensible (está muy sensible).*
> *Miguel está de un amable (está muy amable).*

7. > Pero ¡qué dices, Luisa! Si han perdido 4 a 1.

< Perdona, mujer, que creía que habían ganado y pasaban ya a la final.

8. > Has suspendido porque no has estudiado lo suficiente; así que ahora no me vengas con llantos.

< ¡Anda que no! Pero si he estado encerrado una semana preparándome el examen.

10 En el diálogo del ejercicio anterior aparece el adjetivo *exento*. ¿De qué verbo procede? ¿Por qué no se usa *eximido*?

_____

> Algunos verbos tienen dos formas para el participio. La llamada forma *fuerte* es la que se emplea como adjetivo; la *débil* es la que acompaña a las formas compuestas del verbo.
> Ej.: *absorber* → *absorbido* (débil) y *absorto* (fuerte)
> *Las plantas han absorbido toda el agua.* / *Se quedó pensativo, absorto.*

11 Complete la tabla con los participios débiles o fuertes correspondientes.

	Débiles	Fuertes
Abstraer		Abstracto
Concluir	Concluido	
Confesar	Confesado	
Corromper	Corrompido	
Despertar		Despierto
Elegir	Elegido	
Insertar	Insertado	
Nacer	Nacido	
Soltar	Soltado	
Sujetar		Sujeto

12 Existen tres verbos con doble participio que se pueden emplear indistintamente como fuertes o débiles: *freír, imprimir* y *proveer,* ¿sabe cuáles son las dos formas de cada uno de ellos?

Freír < _____ _____

Imprimir < _____ _____

Proveer < _____ _____

13 *Consejos vendo que para mí no tengo* es un refrán que recrimina a quien da consejos a los demás, pero no se los aplica a sí mismo. Lea estos diálogos donde se dan consejos. Identifique las fórmulas empleadas e indique si son coloquiales o formales.

1. > El resultado del examen no ha sido satisfactorio. Lo más recomendable es que se presente en la siguiente convocatoria. _____

   < De acuerdo, Sr. director.

2. > Tengo cinco días libres; no sé qué hacer, Elisa.

   < Yo me iba unos diitas a la playa. _____

3. > No sé qué decirte, Luis. No me esperaba este premio. No me lo merezco.

   < Hazme caso, es más que merecido. Eres demasiado humilde. _____

4. > ¿Te parece que le compre a Javi un coche? Acaba de aprobar el carné de conducir.

   < Ni se te ocurra comprárselo. Es un chico bastante irresponsable. Mira lo que le pasó con la moto… _____

5. > No sé qué hacer con mi madre: ingresarla en una residencia o contratar a una interna en casa… ¡Qué lío!

   < Yo que tú buscaba a una interna y la dejaba en su casa. Así ella va a estar en su entorno, con sus cosas, sus recuerdos… _____

EN USO

14 Lea los diálogos y trasforme las órdenes o sugerencias directas (en cursiva) a un modo atenuado.

1. > *Hazme un favor,* Juan. _____

   < Sí, dime.

2. > *Te voy a dar un consejo.* _____

   < Claro, encantado.

3. > *Déjame el asiento,* por favor. _____

   < Desde luego.

4. > *Fotocópiame el examen.* _____

   < Ahora mismo.

5. > *Cállate de una vez por todas.* _____

   < Disculpa, no sabía que te molestaba…

15 Ahora trasforme las órdenes siguientes en fórmulas con presente de indicativo.

1. Abre la puerta y sal deprisa. _____

2. Cuenta cuántos asistentes han llegado. _____

3. Repite ahora conmigo esta máxima. _____

4. Ven y cuéntame cuáles son tus penas. _____

5. Hazme el favor de mantenerme informada de cuanto suceda. _____

_____

16 Reaccione empleando la fórmula de orden con gerundio.

1. > Vamos a iniciar el ascenso a la cima.

   < _____

2. > ¿Traigo los documentos ahora?

   < Claro, _____

3. > Salimos de acampada ya mismo.

   < _____

4. > Cierre el maletero del coche.

   < _____

5. > Ponme dos cafés con leche y una botella de agua.

   < _____

17 **Exprese desacuerdo de forma atenuada con lo que dice su interlocutor.**

1. > Pienso que la política nacional debe ser debatida solo en el Parlamento.

   < _____

2. > Los alimentos procesados deberían estar prohibidos.

   < _____

3. > Las infraestructuras de esta región son muy deficientes.

   < _____

4. > Los pisos de alquiler vacacional son una alternativa
      magnífica para la oferta de alojamiento de las ciudades.

   < _____

5. > Ayer hizo un calor exagerado.

   < _____

18 **Utilice el eufemismo más adecuado en cada caso y escriba entre paréntesis a qué palabra o expresión común se refiere.**

> un centro de salud mental / sin techo / desaceleración económica / auxiliar de vuelo / apropiación indebida / faltar a la verdad / personas mayores / tráfico de influencias

1. Dice que su madre es _____

2. Acusaron al ladrón de _____

3. Llevaron al enfermo con esquizofrenia a _____

4. Dicen que nuestro país ha entrado en _____

5. Acusan al nuevo presidente del Banco Central de _____

6. Las _____ deben tener ventajas respecto de los jóvenes.

7. Sr. Martínez, disculpe, pero usted _____ cuando dice que no hubo intención en el asesinato.

8. Los _____ deberían disponer de más ayudas sociales.

19 Escuche los diálogos y marque las palabras que se pronuncian de manera enfática. Después explique el porqué.

(19)

1. > Juan, ha llegado Víctor.

    < Sí, ha llegado el profesor.

_____

2. > Mami, esta noche salgo de fiesta y llegaré a las 5:00.

    < Pero ¿qué dices, Guillermo? ¡Que solo tienes doce años!

_____

3. > ¿Vamos en mi coche?

    < No es tu coche, es mi coche.

_____

4. > Eso ni lo pienses.

    < ¿Cómo que ni lo piense?

_____

5. > No le he dicho que se ausente, señor Domínguez.

    < Disculpe, jefa.

_____

6. > Han ascendido a Marta, esa compañera de la facultad, ¿te acuerdas?

    < Calla, calla, me la encontré ayer y está de un soberbio…

_____

20 Reaccione de manera atenuada atendiendo a las indicaciones en cada caso.

1. > Los precios no paran de subir. No llegamos a fin de mes.

    < (Minimizar el desacuerdo).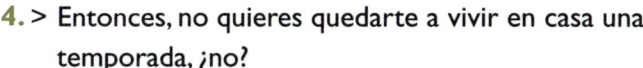

2. > No entiendo cómo puedes estar de acuerdo con lo que dice ese político.

    < (Repetir una idea negada). _____

3. > Con tanta población en el mundo, vamos a acabar viviendo en Marte.

    < (Expresar incertidumbre).

_____

4. > Entonces, no quieres quedarte a vivir en casa una temporada, ¿no?

    < (Acuerdo parcial preludio de una argumentación).

_____

5. > Todos los jóvenes son unos egoístas.

    < (Introducir una disculpa como acción previa a la respuesta).

_____

21 Responda usando enunciados suspendidos para atenuar su compromiso
o responsabilidad, o para expresar una amenaza.

I. > Deberías haberme encargado el informe a mí; así, ahora no tendríamos estos problemas.

< _____

2. > ¿Por qué no me dijiste que Marta estaba embarazada?

< _____

3. > Mira, te he cogido las llaves de tu flamante coche nuevo.

< _____

4. > Manuel dice que va a delatar a nuestro jefe el lunes mismo, que ya no aguanta más.

< _____

5. > Luis, lamento la baja nota de su examen, no sé qué le ha podido pasar.

< _____

22 Complete los diálogos mostrando su desacuerdo rotundo atendiendo a los contextos de uso.

I. En la oficina.

> Mañana acabamos el dosier promocional.

< _____. Mañana es domingo y no vamos a venir a trabajar.

2. En el café con unos compañeros.

> Os invito, que mañana es mi cumpleaños, pero cada uno tiene que llevar algo de picoteo.

< _____

3. En una tienda de ropa.

> Carmen, ese vestido te queda bastante bien. Cómpratelo.

< _____. ¡Si parezco un globo!

4. En el banco.

> Me han dicho que estos fondos de inversión son muy ventajosos.

< _____. Tienen una baja rentabilidad. No se los recomiendo.

5. En la peluquería dos amigas.

> ¿Qué te parece si te pones unas mechas?

< _____. A mí no me gusta tanto color en el pelo.

23 Complete las intervenciones con las formas de participio adecuadas.

1. Carla, por favor, ¿ha _____ ya estos documentos?

2. Han mandado mucho material de oficina; nos han _____ para todo el año.

3. Mira los cordones de tus deportivas, los llevas _____.

4. Acaba de nacer; es nuestro paciente neo_____.

5. Los datos ya están _____ en los expedientes.

6. ¿Habían _____ amarras? Ya deberíamos estar navegando.

7. Fue el primer presidente _____ con tan amplia mayoría.

8. Lleva en la pierna varios _____ de piel del brazo.

24 Lea las intervenciones y reaccione dando un consejo.

1. > Tengo un dolor de pies… No puedo con estos zapatos.

   < _____, tíralos a la basura inmediatamente.

2. > Cariño, he arruinado la colada: he puesto lejía en la ropa de color. Cuando se entere María…
   Una de las prendas era su vestido rojo favorito…

   < _____ decírselo. Vamos a comprarle uno nuevo y como si nada.

3. > No sé cómo preparar una buena paella.

   < _____ siguieras ese canal de YouTube del chef valenciano.

4. > No sé qué hacer con la adicción a las pantallas de mi hijo.

   < _____ que lo trate un psicólogo.

¿QUÉ DIGO SI…?

1. Su compañero de escalada le insiste en subir por un lugar que usted considera inadecuado, usted discrepa diciendo: _____

2. Le dijeron que tenía un culo muy grande. Si tiene un _____ perfecto.

3. Exprese su desacuerdo absoluto con la decisión de su jefe de reducir los días de vacaciones:
   _____

4. En una conversación con su compañero de piso quiere mostrar de manera rotunda cuál es su espacio y cuál, el de él: _____

5. Su amiga quiere pagarle la cena; usted se niega y le muestra su desacuerdo rotundo: _____
   _____

6. Aconseje a su cliente que se aproveche de la compra *online*: _____
   _____

7. Ordene a sus amigos que recojan la casa y se marchen: _____
   _____

ℹ️ FÍJESE!

(20)

¿No te gustaría ir este finde al pueblo con mis tíos? Con lo bien que lo pasamos allí siempre...

No, si no digo que no disfrutemos con ellos, **pero** creo que es mucha paliza hacernos 800 km en un fin de semana.

Si quieres conduzco yo, pero es que tú conduces **de maravilla**...

Ya, ya, que te crees tú eso.

Perdona, ¿me habías dicho algo?

No he visto cosa igual. Qué gran planificación. ¡Enhorabuena!

Disponemos de un gran equipo...

¡Si lo sabré yo!

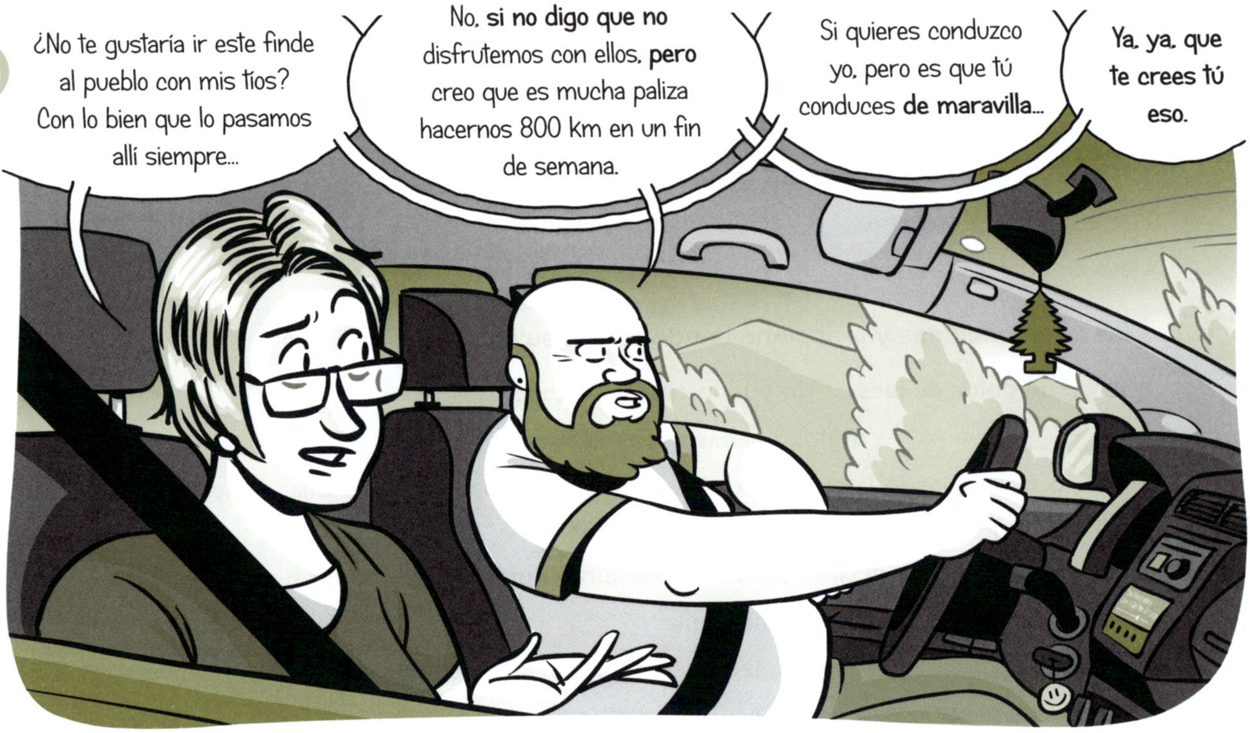

OBSERVE Y REFLEXIONE

1 En el *¡Fíjese!* aparecen enunciados negativos o que expresan negación. Clasifíquelos según el valor que presentan en los contextos.

Negación velada: _____

Negación irónica: _____

Negación con refuerzo: _____

La expresión de la negación:

- **Negación explícita:** sirve para negar lo que expresa el verbo.

  No tengo dinero.

- **Negación velada:** es el preludio de un desacuerdo.

  > *¿No quieres un poquito de pastel?*

  < *No, no es que no quiera, es que engorda mucho.*

- **Negación irónica:** afirma lo contrario. *Sí / Ya*; o duplicando los adverbios *Sí, sí. / Ya, ya.* También se pueden combinar: *Sí, ya.*

  > *Me acompañas a pasear al perrito.*

  < *Ya, ya, con lo que ladra…*

- **Negación obviada:**

  ¡Qué va!

- **Negación con refuerzo:**

  a) Con valor comparativo.

  No he visto cosa igual.

  b) Expresiones que niegan sin negar y muestran indiferencia.

  ¡Me importa un pimiento / un pepino / un rábano / un bledo / un comino / un carajo!

  c) Con modismos de polaridad negativa.

  No mueve un dedo por nadie.

  d) Posponiendo *alguno* después de *en parte, en modo, en lugar…*

  En modo alguno lo ayudarás.

  e) Expresiones negativas indirectas.

  Que te crees tú eso, bonito.

  ¡Anda ya!

2 Escuche y subraye en los diálogos las formas de negación. Relacione cada una de ellas con su valor correspondiente y determine si se emplean en registro formal o coloquial.

(21)

1. > Oye, Carolina, bonita, ¿has aprobado el examen del carné de conducir?

< Pues, chica, ¡qué va!

2. > ¿Qué te ha parecido ese caviar?

< No vale gran cosa.

3. > ¿Me dejas esta tarde tu coche, Juan, amor mío?

< Lo llevas claro, preciosa.

4. > Me importa un bledo que vaya quejándose por ahí.

< Pues ya verás…

5. > No tengo la menor idea de ese asunto.

< ¿Estás seguro?

6. > ¿Me llevarás contigo al teatro?

< Ni lo sueñes, no te lo mereces. Te has portado fatal.

7. > ¿Me invitas este verano a un crucero? Anda, por favor…

< Que sí, claro.

8. > Se rumorea que Plácido se traslada a la oficina central.

< En modo alguno lo vamos a permitir.

9. > Mamá, esta noche voy a una discoteca con mis amigas del cole, ¿vale?

< Ni hablar. Con doce años no se sale de noche.

Formas de negación	Usos	Coloquial	Formal
	Negación irónica		
	Negación con refuerzo: *ni* + infinitivo		
	Negación indirecta		
	Negación obviada		
	Expresión que niega sin negar		
	Negación con frase hecha		
	Negación explícita		
	Negación con superlativo partitivo		
	Negación con refuerzo		

3 En la escena 1 del *¡Fíjese!* Carmen expone un argumento al que Carlos reacciona contraargumentando. ¿Cuál es la secuencia de ambos interlocutores?

_____

_____

4 Observe las siguientes fórmulas para presentar un contraargumento y agrúpelas estableciendo una jerarquía de mayor (1) a menor (4) contundencia.

a) No te digo que no, pero / sin embargo / ahora bien…

b) No te niego que…, pero / sin embargo / ahora bien…

c) Yo no diría tanto, lo que yo creo es que…

d) No te falta razón, pero / sin embargo / ahora bien…

e) No hay duda de que…

f) Yo no digo que (no)…, pero / sin embargo / ahora bien…

g) En eso me has convencido, pero / sin embargo / ahora bien…

1. _____

2. _____

3. _____

4. _____

Además, existe una fórmula muy extendida que se basa en la repetición del aspecto que se cuestiona seguida del contraargumento.
Ej.: > *Yo creo que Pedro tiene bastantes propiedades.*
     < *Bueno, tener tener… Quizá exagera demasiado.*

5 Indique qué expresión se usa en la escena 2 para mostrar una afirmación tajante.

_____

6 En estos diálogos aparecen ciertas formas verbales con significados desplazados de sus valores temporales canónicos. Indique a qué se refieren. Después sustitúyalas por las formas canónicas.

1. El año pasado no hemos ido a visitar a mis tíos al pueblo. → _____
_____

2. ¿Me había dicho algo? → _____

3. ¡Si lo sabré yo! → _____

4. A primera hora ya lo habían acabado. → _____
_____

7 **Relacione ambas columnas para formar diálogos.**

1. ¡Será listo!
2. Habrá aprendido mucho, pero no sabe nada.
3. ¡Tú verás!
4. ¿No se habrá olvidado de nada?
5. ¡Si lo sabré yo!
6. ¿Me había llamado, señora?
7. ¡No se lo habré dicho yo veces!
8. ¿No habrás creído que fui yo?
9. Dicen que el preso habría sido el responsable del asesinato de los tres funcionarios de la prisión.
10. Hace un momento que Juan salió.

a) Mira que le digo siempre que haga la maleta con tiempo...
b) No me ha dicho que se había comprado un coche y me pide dinero.
c) ¡Tú has bebido esta noche, Pepe!
d) Alguien no ha dejado de molestarme en toda la noche.
e) Pues no ha dicho nada.
f) Pero si se ha estado preparando en Harvard...
g) Sí, así es.
h) Ya no te quedan más oportunidades.
i) María se ha dejado las llaves en casa; es una despistada.
j) Sí, eso parece que ha ocurrido.

8 **Identifique en el ejercicio anterior enunciados correspondientes a las siguientes formas.**

1. Una forma para expresar una acción anterior al momento de la enunciación para desactualizar la información:

_____

2. Una forma propia del lenguaje periodístico con el que mitigamos nuestra responsabilidad sobre lo que decimos:

_____

3. Una forma para expresar advertencia: _____

4. Una forma que expresa afirmación tajante en el pasado:

_____

5. Una forma de cortesía: _____

6. Una forma que expresa afirmación tajante en el presente:

_____

7. Una forma para enfatizar la responsabilidad de la 2.ª o 3.ª persona:

_____

8. Una forma para enfatizar algo que se cree o se espera que haya ocurrido en el pasado cercano:

_____

9. Una forma para objetar en el pasado: _____

10. Una forma para expresar sorpresa, reprobación:

_____

9 Sustituya estos tiempos verbales, con implicaciones pragmáticas, por sus correspondientes formas canónicas.

1. ¡Será listo! → _____

2. Habrá aprendido mucho, pero no sabe nada. → _____

3. ¡Tú verás! → _____

4. ¿No se habrá olvidado de nada? → _____

5. ¡Si lo sabré yo! → _____

6. ¿Me había llamado, señora? → _____

7. ¡No se lo habré dicho yo veces! → _____

8. ¿No habrás creído que fui yo? → _____

9. Dicen que el preso habría sido el responsable del asesinato de los tres funcionarios de la prisión. → _____

10. Hace un momento que Juan salió. → _____

10 En el *¡Fíjese!* Carlos rechaza el ofrecimiento de conducir de Carmen y lo hace de manera irónica. Observe otras fórmulas más directas para rechazar una propuesta o una invitación y anote si se emplean en registros formales o coloquiales.

Siento…, pero… _____

(Te) voy a tener que decir que no. _____

Precisamente / justamente… no puedo / me va a ser imposible. _____

Me es / resulta imposible. _____

Lamento tener que rechazar tu propuesta / invitación / ofrecimiento, pero… _____

Muy a mi pesar no puedo… _____

¿Qué dices? _____

Ni hablar, ni loco/a, ni pensarlo. _____

¡Para + infinitivo + estoy yo! (Ej.: Para cocinar estoy yo. = No estoy preparado para cocinar.). _____

Paso. / Olvídame. / No cuentes conmigo. / Pasa de mí. _____

11 En el diálogo 1 del *¡Fíjese!* aparece un piropo. ¿Cuál?

12 Escriba una reseña de su artista favorito (cantante, actor/actriz) o de un/a *influencer* especial por alguna razón. Haláguelos con cumplidos y piropos.

> **Fórmulas de cumplidos, halagos y piropos:**
>
> 1. En registros coloquiales usamos *él/ella* en ponderaciones del tipo:
>
>   *¡Qué mona ella, con ese vestido rosa!*
>
>   *¡Qué listo él, que ha sacado un diez en el examen!*
>
> 2. Denominaciones hiperbólicas de los sujetos:
>
>   *¡Qué guapa mi preciosidad!* (Referido a su hija, nieta, sobrina…).
>
>   *¿Cómo está el tesoro de mi vida?* (Referido a su hijo, nieto…).

13 Estas son las opiniones de los seguidores de tres famosos en sus redes sociales. En ellas reciben halagos, piropos y cumplidos. Léalas y marque las fórmulas que emplean.

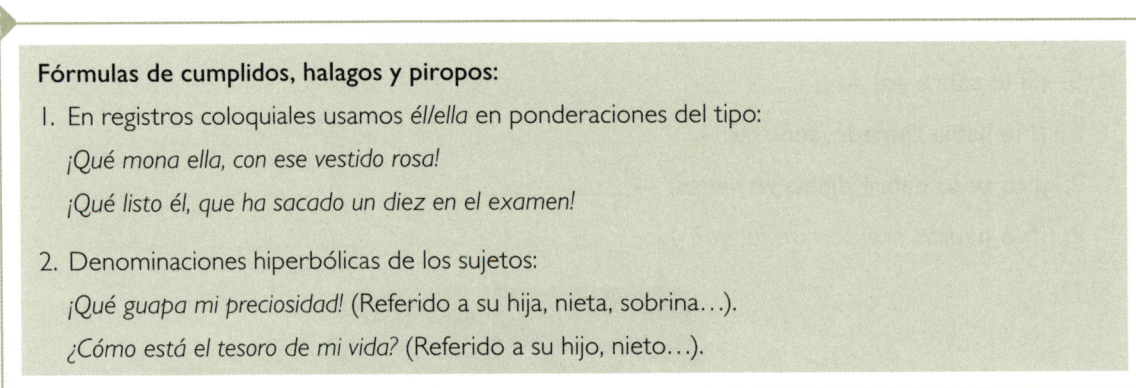

Pablo Onieva

15:30 am

Usuario 1:
Hola, Pablo! Te sigo muchísimo y te admiro todavía más!
Tu última película es una auténtica pasada. Gracias! Sigue así, eres increíble.

15:34 am

Usuario 2:
Me mola el toque que le da el cinturón a tu pantalón!! Besazo.

15:37

Usuario 3:
¡Hola Pablo! Me encantas.
Actúas de maravilla.

Aitana Ocaña

21:15 am

Usuario 1:
La verdad es que yo no soy muy de este estilo, pero este *look* me ha gustado un montón y me parece perfecto para el verano. Además, la mochila me ha enamorado, muy guapa, Aitana...

21:52 am

Usuario 2:
Realmente fascinante.

22:03 am

Usuario 3:
Hola, Aitana. Soy una chica de 17 años que te sigue desde siempre, siempre me has parecido una persona superhumilde, supersincera, cercana... aparte de una gran cantante...

Carla Álvarez

15:30 am

Usuario 1:
Me flipa tu estilo tan *casual*!!!
Ah, y el bolso es una pasada. Saludos!!!

15:34 am

Usuario 2:
Estás reguapa y radiante! Besos desde Cantabria.

15:37 am

Usuario 3:
Guau, muy muy guapa!!! Me encanta el conjunto, es total!!!
Besos

Aunque en la actualidad hay una gran tendencia a emplear solo los signos de cierre de interrogación o exclamación, la norma académica prescribe utilizar también los de apertura.

Si se quiere expresar mayor énfasis, se pueden multiplicar en la misma cantidad tanto los de cierre como los de apertura.

¡¡¡Guau, muy muy guapa!!!

¿¿¿Qué dices???

Incluso se pueden combinar: una mezcla de pregunta y sorpresa.

¿Qué te ha pasado!?

EN USO

14 **Lea estas intervenciones y responda o reaccione a ellas con un enunciado negativo con los propósitos que se indican.**

1. > ¿Por qué no te vienes este verano a nuestra casa de la playa, con lo que te gusta el mar?

< (Negación velada). _____

2. > ¿Te ha sorprendido la reacción de Luisa al conocer la noticia?

< (Negación con refuerzo con valor comparativo). _____

3. > ¿Y qué te parece la casa nueva de Mario? ¿No te gusta?

< (Negación con refuerzo que niega sin negar). _____

4. > Mañana te vienes a casa a comer. Tengo tu plato favorito: lentejas.

< (Negación irónica porque odias las lentejas). _____

5. > ¿Te parece que reservemos el curso de yoga para el mes próximo?

< (Negación indirecta). _____

15 **Su compañero de piso le discute ciertos comportamientos y actitudes.
Usted contrargumenta.**

I. > Ya estoy harto de que te dejes la cocina sucia después de cocinar.

< _____

2. > No me parece bien que te dejes las llaves puestas y no dejes entrar a los demás.

< _____

3. > Me aburre tener que bajar siempre la basura.

< _____

4. > Siempre te dejas las luces encendidas. ¡Qué desastre eres!

< _____

5. > ¡¡Cómo es posible que pongas la música tan alta todas las noches!?

< _____

16 **Piense en un cumplido para estas situaciones y una posible reacción a ellos.**

I. En una boda, te reencuentras con una compañera de la universidad. Te hace mucha ilusión y la ves muy bien y muy guapa.

_____

2. Preparas una cena en casa y tus invitados elogian la comida.

_____

3. En una tienda de modas, te pruebas un vestido y el dependiente te halaga.

_____

4. En la universidad, llega su amiga con un coche nuevo.

_____

_____

5. En la peluquería canina, lleva a su perro a cortarse el pelo.

_____

_____

17 Transforme los verbos subrayados imprimiendo la intención indicada entre paréntesis.

1. > Parece despistada, pero para nada. Mira cómo ha conseguido quedarse con toda la herencia de su tía.

   < ¡<u>Es</u> una aprovechada! (Expresar reprobación). → _____

2. > ¿Sabes algo de Carmela?

   < Sí, hace un momento que <u>ha llamado</u>. (Desactualizar la información). → _____

   _____

3. > La pasada semana no <u>comimos</u> verduras; necesito ir a comprar al mercado. (Actualizar la información del pasado). → _____

   < Claro, no dejes de hacerlo; necesito fibra.

4. > ¿Qué me <u>dices</u>? (Fórmula de cortesía). → _____

   < Que me acerques el mando de la tele.

5. > No entiendo por qué no te fías de lo que dice Pedro.

   < Bueno, no es de fiar; ¿no te acuerdas de lo me hizo el curso pasado? Ya tengo experiencias con él. Lo <u>sé</u>. (Afirmar con rotundidad). → _____

6. > El mes pasado te lo <u>advertí</u>; no sé por qué te quejas. (Introducir el adverbio *ya* para indicar una acción previa en el pasado). → _____

   < Pues porque no la creía capaz de hacerlo.

18 Responda a estas intervenciones usando la estructura de repetición del aspecto subrayado que se cuestiona seguida de un contraargumento.

Ej.: > *Es la chica más inteligente de la clase.*
   < *Bueno, la más inteligente, la más inteligente. Es lista, pero no tan inteligente.*

1. > Pablo es el candidato <u>idóneo</u> para ocupar ese cargo.

   < _____

2. > Marcelo trajo <u>toda la comida</u> preparada para la celebración.

   < _____

3. > Los estudiantes aprobaron el examen con <u>buenas</u> notas.

   < _____

4. > Karina y sus hermanos <u>viajarán</u> más de un mes por Europa.

   < _____

5. > ¿No te parece que está haciendo <u>mucho calor</u>?

   < _____

19 **Rechace la propuesta o invitación que le hacen estos interlocutores en los contextos de uso indicados.**

1. En el mercado, el carnicero le dice:

> ¿Por qué no se lleva hoy un *magret* de pato que me acaba de llegar y que está delicioso?

< _____

2. En la escuela, la profesora la invita diciéndole:

> Deberías presentarte a subir nota. ¿Qué te parece?

< _____

3. A la salida de la guardería, un padre amigo suyo, que tiene trillizos, le dice:

> Esta noche tengo una cena de amigos del instituto y no tengo quien se quede con los peques, ¿te importaría quedarte tú, por favor?

< _____

4. A la salida del gimnasio con su mejor amiga:

> ¡Vente esta noche de marcha! Hace tanto que no sales con los amigos…

< (Te duele mucho la cabeza). _____

5. En un claustro de profesores, la directora saliente le dice:

> Considero que tú eres el mejor relevo.

< _____

¿QUÉ DIGO SI...?

1. Ve llegar a su vecina con un gatito muy bonito: _____

2. Su hermana cree que ahorrar dinero no merece la pena. Usted no está del todo de acuerdo y contrargumenta: _____

3. Su amigo le pide prestado su apartamento en la playa y usted se lo niega de forma irónica:

_____

4. Su jefe le niega unos días de vacaciones por carnaval: _____

5. Lo llaman de la radio para hacerle una entrevista porque creen que es el ganador de la lotería, pero no es cierto: _____

6. Marta le dice que Juan últimamente bebe mucho; usted no está de acuerdo:

_____

7. Se entera de que sus vecinos han alquilado el piso como vivienda turística y están ganando mucho dinero. Expresa la responsabilidad que asumen:

_____

8. Los informativos han avisado de que este verano se van a superar los 45 grados en el sur de España; su vecino no tiene aire acondicionado en casa. Usted expresa sorpresa:

_____

9. Sus compañeros de facultad quieren que monte en globo. Usted rechaza la invitación:

_____

10. Va a yoga y disfruta mucho de la clase. Le hace un cumplido a la profesora.

_____

FÍJESE!

(22)

OBSERVE Y REFLEXIONE

1 Observe los diálogos del *¡Fíjese!* y complete la tabla con las expresiones correspondientes para:

Acceder a una petición sin reservas	Negarse a una petición de forma cortés	Expresar falta de certeza y evidencia

2 ¿Encuentra alguna estructura con imperativo lexicalizado?, ¿cuál(es)? ¿Qué indica(n)?

_____

_____

3 Observe de nuevo los diálogos y localice las formas no personales del verbo que aparecen. ¿Qué valor encuentra en ellas?

_____
_____
_____
_____

Una **perífrasis verbal** es la combinación de un verbo auxiliar + una forma no personal del verbo, que transmiten una única idea verbal.

a) Perífrasis de infinitivo:

- Aportan la idea de inicio de una acción: *ponerse a* + inf., *echar(se) a* + inf., *romper a* + inf., *ir a* + inf.
- Final de una acción: *acabar de* + inf., *dejar de* + inf., *llegar a* + inf.
- Posibilidad: *poder* + inf.
- Valor de obligación: *deber* + inf., *haber de* + inf., *tener que* + inf., *haber que* + inf.

b) Perífrasis de gerundio:

- Indican duración, continuidad: *andar* + ger., *ir* + ger., *seguir* + ger., *estar* + ger., *llevar* + ger., *venir* + ger.
- Final de una acción: *acabar* + ger., *terminar* + ger.

c) Perífrasis de participio:

- Indican el resultado de una acción: *tener* + part., *llevar* + part., *quedar* + part., *estar* + part., *dejar* + part.

4 ¿Qué significa *Tengo la corazonada de que...*?, ¿conoce alguna otra expresión similar? ¿Cómo se diría en su idioma?

_____

_____

_____

5 ¿Encuentra en los diálogos del *¡Fíjese!* alguna estructura comparativa metafórica? Si es así, indique cuál es y qué significa.

_____

_____

_____

_____

6 Localice en los siguientes enunciados aquellos que tienen un valor metafórico. Después, explique los significados de cada uno.

1. **a)** No tengo claro que el animal que encontraron ayer en la carretera sea un lince, una especie en peligro de extinción.

   b) La hermana de Matías es una lince en matemáticas, lo sabe todo.

   _____

2. **a)** Ella es una fiera para los negocios, gana muchísimo dinero.

   b) En las noticias dijeron que han encontrado una fiera suelta por el paseo principal; intuyo que es un tigre.

   _____

3. **a)** Yo, desde luego, pongo en duda el informe de que en la actualidad hay menos personas que mueren de hambre en África.

   b) Ayer me pasé toda la tarde sin probar bocado, casi me muero de hambre.

   _____

4. a) Ayer fui a la ceremonia de clausura del curso de microbiota marina y el profesor soltó un rollo soporífero.

   b) Juraría que compré un rollo de papel para envolver los regalos para los recién graduados, pero no lo encuentro por ningún sitio.

---

5. a) Voy a pagar el pato que compré para la cena; es que en la pollería no tenían ayer cambio de 100 euros.

   b) Como siempre pasa, me ha tocado pagar el pato de la incompetencia de mi jefe; sospecho que quiere despedirme.

---

6. a) ¡Vaya tela tan preciosa que tiene este vestido!

   b) ¡Vaya tela! Me da que se me termina la batería del portátil justo cuando empiece la reunión por videoconferencia.

Expresiones metafóricas coloquiales:

- Uso de nombres de animales como atributo: *ser un(a) lince, ser un(a) fiera, ser un(a) gallina.*
- Estructuras comparativas con *como si: Me miró fijamente, como si yo fuera un ogro, y me insultó.*
- Enunciados exclamativos: *¡qué rollo!, ¡vaya tela!, ¡vaya telita!*
- Otras expresiones metafóricas: *morirse de risa / de hambre / de aburrimiento, llover a mares, tomar el pelo, pagar el pato…*

7 **Anote qué expresiones del ejercicio anterior indican falta de certeza y evidencia, y diga cuál de ellas es la más coloquial. Después, escriba una oración con cada una.**

8 Relacione los enunciados con los valores que tienen las formas de imperativo en cada uno de ellos.

1. Estudia bien el examen y verás que apruebas.

2. Ya veo que te has gastado todo el dinero del mes. ¡Mira qué bien!

3. ¡Mira que dar un golpe al coche el día que lo estrenas…!

4. Llama al dentista si quieres, que yo no pienso ir.

5. ¡Anda, cariño, vete a acostar, que es muy tarde!

6. Tú cómprate una moto… Verás tu padre cómo se pone, no te vuelve a dar un euro.

7. ¡Venga ya! ¡Cómo te va a haber tocado un viaje a Nueva York!

a) Imperativo con valor condicional y matiz de amenaza.

b) Imperativo en una estructura de valor concesivo.

c) Imperativo lexicalizado con valor de incredulidad.

d) Imperativo con valor irónico.

e) Imperativo con valor de reprobación.

f) Imperativo con valor condicional.

g) Imperativo con valor de ruego o petición.

9 Lea la ficha. Después, analice los diálogos e indique los valores de las formas no personales que aparecen en ellos.

Algunos valores de las formas no personales:

INFINITIVO

a) Valor verbal (infinitivo independiente): *¿Contarle mi secreto? / Haberte comido tú la pizza.*

b) Valor verbal (en subordinada relativa): *Hay un asunto que tratar.*

c) Valor nominal: *El no dormir bien es un riesgo para la salud.*

GERUNDIO (con valor verbal)

a) Independiente: *¡Dando siempre la lata!*

b) Interrogativo: *¿Cantando yo en el karaoke? ¡Ni loca!*

c) Interrogativa retórica: *¿Qué hay, Juan? ¿Comprando fruta?*

d) Exclamativo: *¡Qué cantidad de jóvenes disfrutando del concierto!*

e) Orden, mandato: *¡Corriendo a tu habitación! ¡Estás castigado!*

f) Concesivo: *Teniendo tantos problemas de salud y sigue fumando.*

PARTICIPIO

a) Independiente (valor exclamativo): *¿Cansada yo? ¡Jamás!*

b) En construcciones absolutas: *Acabada la procesión, regresamos a casa.*

1. > ¿Disfrazado tú en los carnavales? ¡Ya te digo yo que no! _____

< Pues sería un punto que siendo tan tímido se disfrazara. _____

2. > ¡Cuánta gente celebrando el triunfo del Real Madrid! _____

< Sí, lo he visto en la tele, ¡impresionante! _____

3. > ¡Qué casualidad encontraros en la playa! ¿Pasando unos días de vacaciones? _____

   < Sí, llegamos ayer y nos quedamos ya toda la semana. _____

4. Terminada la tarea, decidimos regresar, ¡estábamos muertos…! _____

5. ¡Y tú siempre protestando por todo! _____

6. > No te rasques la herida, que te la vas a infectar. _____

   < Es que el comer y el rascar, todo es empezar… _____

10 Escuche el diálogo y subraye las expresiones utilizadas para responder a una orden, a un ruego o a una petición.

(23)

Paula: Carlos, necesito que te encargues de coordinar la logística del evento del próximo viernes. Vendrán grandes expertos en redes sociales y debemos hacerlo bien.

Carlos: Claro, Paula. Me encargaré de eso sin problema, ¡faltaría más!

Paula: También sería ideal que contactases con los proveedores del material hoy mismo.

Carlos: Bueno, haré lo que esté en mi mano, pero no puedo garantizar que todos respondan hoy.

Paula: Lo entiendo, pero es importante que lo preguntes lo antes posible. Por cierto, ¿podrías quedarte un poco más tarde el jueves para asegurarte de que todo esté listo?

Carlos: Me temo que no puedo quedarme esa tarde. Tengo que recoger a los niños del cole, que mi mujer está en un congreso.

Paula: ¡Vaya! Bueno, lo que sí me gustaría es que revisaras las presentaciones para asegurarte de que todo esté en orden.

Carlos: Lo revisaré en cuanto pueda, pero necesitaría un poco más de tiempo.

Paula: Sintiéndolo mucho, eso sí es urgente, tendrían que estar listas mañana a primera hora.

Carlos: Lo intentaré, pero no te prometo nada…

Paula: Y una última cosa, ¿podrías encargarte de la decoración?

Carlos: Ay, Paula, para eso sí que prefiero delegar en alguien; lo siento, pero yo no tengo experiencia en decoración y podría quedar horrible el salón de actos.

Paula: ¡Vale! No te preocupes; a ver si Fede lo hace, que es muy apañado para esas cosas.

Carlos: Te agradezco que lo comprendas. Bueno, Paula, ¿algo más?

Paula: Por el momento es todo. Confío en que harás un excelente trabajo.

Carlos: Gracias. Nos vemos mañana.

11 Ahora lea el diálogo anterior y clasifique en la tabla las expresiones subrayadas. Indique también si son de registro formal o coloquial.

Accede a una orden sin reservas	Accede a una orden con reservas	Se niega al cumplimiento de la orden o a lo dicho antes

Otras fórmulas para responder a una orden, petición o ruego:

• Accediendo a su cumplimiento SIN reservas.

Por mi parte no hay problema / inconveniente (formal-neutra).

¡Eso está hecho! (coloquial).

A tu entera disposición (formal).

Lo que ordenes / dispongas (formal).

No hay más que hablar (coloquial).

¡A mandar! (coloquial).

• Accediendo a su cumplimiento CON reservas.

No, a menos que me digas la verdad (neutra).

Vale, pero sin que sirva de precedente (formal).

Si no queda otro remedio…, pero me viene fatal (coloquial).

• Negándose al cumplimiento de forma CORTÉS (formales).

Me temo que no puedo hacerte el favor.

Lamentablemente, no me es posible hacerlo.

Sintiéndolo mucho, no puedo hacerlo.

No me queda otro remedio que decirte que no.

• Negándose al cumplimiento de forma TAJANTE (coloquiales).

¡Ni hablar!, ¡Ni pensarlo!, ¡Ni loca!

¡Por nada del mundo te compro yo otro móvil!

¡De eso nada, guapo!

¡Lo tienes claro si piensas que te voy a ayudar!

¡Por encima de mi cadáver vas tu a esa fiesta!

EN USO

12 Empareje los enunciados. Después, indique si se accede al cumplimiento de una orden o petición con o sin reservas y señale posibles contextos e interlocutores para cada caso.

1. Me caso el próximo verano y me gustaría que vinieras a mi boda.

2. Leo, por favor, plancha tus camisas, que tengo mucho que corregir y no me da tiempo.

3. Marta, ¿me podrías explicar esta tarde la teoría de cuerdas? Tengo mañana examen y no entiendo nada.

4. Oye, ¿me dejas tu móvil un rato? Es que tengo una duda de matemáticas…

5. ¿Te quieres callar de una vez?

6. Por favor, ponga el ordenador y el móvil en la bandeja y quítese las botas.

a) A tu entera disposición. Dime a qué hora te viene bien y voy para tu casa.

b) Vale, pero que no te sirva de precedente, que luego te enganchas.

c) No, a menos que me escuches de verdad.

d) Si me pagas a 10 euros la hora, dejo toda la ropa como nueva.

e) Si no queda otro remedio…, pero no llevo nada raro.

f) Haré lo imposible por acompañarte ese día.

13 Responda a las órdenes negándose a su cumplimiento, de manera tajante o cortés, según considere.

1. > Elena, me voy de vacaciones en junio, ¿podrías quedarte con mis agapornis?

< _____

2. > Mamá, porfa, déjame tu coche hoy, que voy al concierto de Taylor Swift.

< _____

3. > En mi casa no se fuma, lo siento, pero son las normas.

< _____

4. > Antonio, termine inmediatamente la tabla Excel; hay que comunicar ya los resultados.

< _____

5. > Señora, no pise el suelo, por favor, que acaban de fregarlo.

< _____

6. > ¡Suelta el móvil de una vez y apaga la luz, que te vas a volver loco!

< _____

14 Descubra en los imperativos de los siguientes enunciados los valores que se indican a continuación.

ironía

petición

promesa

amenaza

incredulidad

ponderación

1. Suspende el examen de anatomía y verás qué buenas vacaciones te pasas.

_____

2. Vaya a la farmacia y compre las medicinas, que mañana es domingo y cierran.

_____

3. Anda, vístete y ve a comprar el pan.

_____

4. ¡Mira qué bien! ¡Te vas y te despides a la francesa!

_____

5. Termina la carrera y te compramos un coche.

_____

6. ¿Que está nevando en Sevilla?, ¡anda ya, no me vengas con tonterías!

_____

> La expresión _despedirse a la francesa_ significa que alguien se va sin despedirse o se retira de una reunión sin decir _adiós_. Se utiliza como reprobación por ser un gesto que se considera de mala educación.

15 Elija las estructuras metafóricas oportunas y complete los enunciados.

1. Marcos _____ para los negocios, arriesga y gana muchísimo dinero.

2. Beatriz _____ con el ordenador, es la mejor de su clase en informática.

3. Ayer cayó una tormenta enorme, _____ .

4. Juan me dijo que le había tocado la lotería; está claro que _____ .

5. Casi _____ cuando vi el nuevo corte de pelo de Pedro, ¡qué horror!

6. La charla fue muy pesada, mi hija casi _____ .

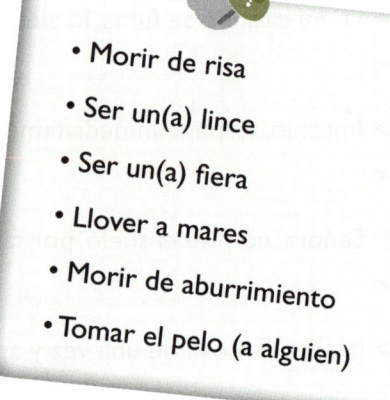

- Morir de risa
- Ser un(a) lince
- Ser un(a) fiera
- Llover a mares
- Morir de aburrimiento
- Tomar el pelo (a alguien)

16 Subraye en los siguientes enunciados las formas en infinitivo e indique si tienen valor verbal o valor nominal.

1. El sentir general en los colegios es que las redes sociales hacen daño en los escolares más pequeños.

2. Vi a muchas personas sufrir por la guerra.

3. El enfermo no podía sentir nada, ya que estaba anestesiado.

4. Expliqué a mi abuelo cómo utilizar el móvil.

5. Lo siento mucho, pero no siempre querer es poder.

6. Se arrepintió de haber publicado aquel comentario en las redes.

17 Lea el diálogo, localice las formas de gerundio y de participio, y señale qué valores presentan.

Carmen: Oye, Marta, ¿es cierto que Juan se va de vacaciones?

Marta: ¡Eso parece! No logro comprender cómo Juan, teniendo tanto trabajo en el despacho, se coge una semana de vacaciones. ¡La verdad es que hay demasiada gente aprovechándose de los demás! En fin, y siempre quejándose de que es el que más trabaja… Lo peor es que, una vez terminado el proyecto que tenemos entre manos, se incorporará y encima dirá que viene cansado. ¡Siempre fastidiando!

Carmen: ¿Y qué pasará con los planos del proyecto de renovación del restaurante?

Marta: ¿Le imaginas haciéndolos en la playa con la cervecita y las aceitunas…?

Carmen: ¡Vaya morro!

18 Reaccione a las peticiones accediendo con y sin reservas ante las siguientes situaciones.

1. Señor Fernández, hemos comprobado que no dispone de permiso de obra. Por tanto, pare inmediatamente la reforma de su casa.

   a) con reserva: _____

   b) sin reserva: _____

2. Abone la consumición en el acto, por favor, que hay mucho sinvergüenza que se va sin pagar.

   a) con reserva: _____

   b) sin reserva: _____

3. ¡Eh, usted! No se cuele, por favor, que llevo media hora esperando para pagar.

   a) con reserva: _____

   b) sin reserva: _____

4. Lee, por favor, el informe sobre sostenibilidad y dime de qué va, que no tengo tiempo de verlo.

   a) con reserva: _____

   b) sin reserva: _____

5. Pon la mesa, Marisa, que es tardísimo y tengo hambre.

   a) con reserva: _____

   b) sin reserva: _____

¿QUÉ DIGO SI...?

1. Le piden en el supermercado que pague en efectivo. Se niega de forma cortés:

_____

2. Su vecino le pide que quite el coche de su puerta, pues le molesta para salir. Se niega a ello de forma tajante: _____

3. Le llaman por teléfono para que cambie de compañía eléctrica. Responde con un imperativo lexicalizado e irónico: _____

4. Le comunican que le ha tocado un jamón en la rifa del supermercado. Responde con un imperativo de incredulidad: _____

5. ¿Sabes por qué no viene Fernando al viaje que tenemos programado a Granada? Responde con falta de certeza y de manera formal:

_____

6. Tiene mucho sueño y lo dice con una expresión metafórica:

_____

7. Le dicen que la han visto muy maquillada en una foto en Instagram. Responde con un participio con valor exclamativo: _____

8. Le piden que firme un documento para solicitar el pasaporte y responde accediendo sin reservas: _____

9. Le pide una amiga que pague usted la cuenta en una cafetería y acepta con reservas:

_____

10. Le comenta su madre que la vecina se encuentra mal, pero que no quiere ir al médico. Usted opina, de manera coloquial, con falta de evidencia o certeza sobre lo que sucede:

_____

FÍJESE!

(24)

OBSERVE Y REFLEXIONE

1 Complete la tabla con expresiones del *¡Fíjese!*

Para ofrecer ayuda	Para pedir ayuda de forma atenuada	Para pedir objetos de forma atenuada

2 ¿Qué intención tiene Ana cuando dice: «Y dile algo a Pepe, que está ahí como un pasmarote»?

_____

_____

3 Marque la opción incorrecta para referirse a lo que alude la siguiente expresión.

☐ a) No es el momento propicio para hacer o decir algo.

No está el horno para bollos.   ☐ b) No estoy para comer mucho hoy.

☐ c) No estoy para tonterías.

4 ¿Encuentra en los diálogos algunas expresiones metafóricas?, ¿cuáles? ¿Puede deducir los significados? ¿Existen expresiones similares en su idioma?

_____

_____

_____

_____

_____

METÁFORAS FRECUENTES:

• **Valoraciones con *ser***

Ser una mujer de hierro: una mujer fuerte, resistente, que puede con todo.

Ser una mujer de bandera: fuerte, mujer excepcional, con carisma, que marca un hito y deja huella.

Ser una joya: ser alguien maravilloso, excelente, pero con tono irónico significa todo lo contrario, es decir, alguien que es un desastre, hace mal las cosas, no se comporta bien…

Ser una tumba: se aplica a personas que saben guardar un secreto, personas discretas.

Ser (como) un libro abierto: ser alguien al que es fácil interpretar, que actúa y se expresa sin máscaras, que es honesto.

• **Estructuras comparativas**

Estar más verde que una lechuga: estar poco preparado para algo, inmaduro en algún oficio.

Ser más listo que el hambre: ser una persona muy inteligente, astuta, capaz de alcanzar cualquier meta.

Comer como una lima: comer muchísimo.

---

5 **Relacione ambas columnas. Después diga si en su lengua materna existen expresiones similares a las que aparecen destacadas en letra cursiva.**

1. Este examen es *más largo que un día sin pan.*

2. Sonia *se enrolla como una persiana.*

3. En el concierto *no cabía ni un alfiler,* pero lo pasamos en grande.

4. Es una pena, pero *está como una cabra,* no permite ni una broma.

5. Ana estará muy ocupada, pero la veo que *se pasa el día mano sobre mano.*

a. Había muchísima gente.

b. Está loco/a.

c. Está sin hacer nada.

d. Que dura mucho y se hace pesado.

e. Habla muchísimo, habla sin parar.

6 **Lea los diálogos y averigüe qué valores tienen las formas destacadas en negrita.**

1. > Oye, no olvides mañana llevar el regalo para Antonio.

< ¡**Que** sí, mujer, **que** ya lo tengo en el coche!

---

2. > Quedamos mañana a las 12:00, ¿verdad? Si tardo, me esperáis.

< **¿Cómo que si tardo?** ¡Ni se te ocurra llegar después de la hora!

---

3. > Paco es alto y bien plantado.

< **¿Alto?** Ve al oculista…

---

4. > ¡**Qué agradable** es Guadalupe!

< Ya he visto, ni nos ha saludado.

---

5. > Este verano no abren la piscina, ¡hay sequía!

< **¿Qué dices?** ¡Pues vaya faena!

¿Cómo intensificar el acuerdo o el desacuerdo con el interlocutor?

- Con verbos realizativos: al enunciarlos realizamos la acción descrita en el verbo.
  Te prometo que no lo he visto.
  Te aseguro que me contó el secreto.

- *Que* indicando insistencia:
  Que no, que no voy ni loco a casa de tu cuñado.
  Que sí, que ahora me pongo a estudiar.

- Estructuras repetitivas:
  > La Roja juega bien al fútbol, ¿verdad?
  < ¿Que si juega bien? Es buenísima esta selección.

- Enunciados exclamativos de acuerdo y desacuerdo:
  ¡Y que lo digas! (acuerdo)
  ¡Venga ya!, ¡Eso lo dirás tú!, ¡Que no!, ¡Lo que hay que oír! (desacuerdo)

7 Lea el diálogo y anote las estructuras utilizadas para pedir ayuda y para ofrecer ayuda. ¿Sabría decir qué relación existe entre los dos interlocutores?

Sofía: Buenos días, Manolo. ¿Tienes un momento para ayudarme?

Manolo: Claro que sí, dígame qué necesita.

Sofía: Estoy rematando el presupuesto de la presentación del libro, pero tengo problemas con los datos. ¿Podrías echarme una mano revisándolos?

Manolo: Por supuesto, permítame verlos. ¿Quiere que yo verifique las cifras o qué tengo que hacer?

Sofía: Sí, eso sería de gran ayuda. Te agradecería mucho si pudieras asegurarte de que todo esté correcto.

Manolo: No hay problema. Si lo desea, después también puedo llamar por teléfono para confirmar la reserva del salón de actos.

Sofía: Ah, es cierto, sí, sí, gracias. Mientras tanto, ¿puedes prestarme tu cargador del móvil? No encuentro el mío.

Manolo: Claro, aquí tiene. Además, si lo necesita, puede tenerlo todo el día, yo tengo otro.

Sofía: ¡Gracias, Manolo! Ahora, ¿te importaría ayudarme a revisar un texto una vez que termines con los datos?

Manolo: No me importa en absoluto. Estoy a su disposición para lo que necesite. ¿Le gustaría que revisáramos las conclusiones juntos esta tarde?

Sofía: Me parece perfecto. Así nos aseguramos de que todo esté en orden antes de la presentación. Te agradezco mucho toda tu ayuda, Manolo. No sé qué haría sin ti.

Manolo: No hay de qué, Sofía. Siempre es un placer trabajar con usted. Si necesita algo más, no dude en decírmelo.

Sofía: Lo mismo digo. Gracias de nuevo por todo.

Pedir ayuda	Ofrecer ayuda

Relación entre los interlocutores: _____

8 Intensifique el acuerdo o desacuerdo en los siguientes intercambios.

1. > Yo no me creo que él desconociera la situación.

   < Él no sabía lo que pasaba.

   _____

2. > Oye, mamá, mañana no vengo a dormir, voy al Festival de Teatro de Mérida y me quedo en casa de Ana.

   < ¿No vas a venir a dormir? Sabes que no me gusta que pases la noche fuera.

   _____

   _____

3. > Mañana se casa Isabel y anuncian lluvias torrenciales.

   < ¿Qué has dicho?

   _____

4. > Marisa, por favor, no olvides darme el título del libro del que me hablaste.

   < Sí, luego te lo mando.

   _____

9 Escuche los siguientes pares de oraciones e indique si encuentra algunas diferencias de intensidad significativas.

(25)

1. a) ¡Sí, hombre, sí, hacemos lo que tú digas! _____

   b) ¡Sí, hombre, porque tú lo digas! _____

2. a) Tú, cómete la sopa y calla. _____

   b) Tú te comes ahora mismo la sopa y te callas. _____

3. a) ¡Tú eres muy serio! _____

   b) ¡No eres tú serio ni nada! _____

4. a) Este Diego es una joya. _____

   b) Desde luego, este Diego es una joya. _____

5. a) ¿Que te lleve a tu casa después de cenar? ¡Venga ya!, ¿y lo dudas?

   _____

   b) ¿Que te lleve a tu casa después de cenar? ¡Venga ya!

   _____

10 **Complete los diálogos pidiendo ayuda de forma directa o atenuada/cortés en función del contexto.**

I. En un bar, dos amigos.

(Pida ayuda de manera encubierta).

> Tengo que ir a llevar el coche al taller, tiene un ruido raro.

_____

< Un poquillo sé, ¿por qué? ¿Quieres que le eche un vistazo?

2. En la psicóloga.

(Pida ayuda de manera atenuada y cortés).

> Hola, buenos días. ¿Cómo se encuentra? ¿Por qué quería venir a terapia?

< Buenos días. Verá, es que tengo un problema: me pongo muy nervioso cuando discuto y me vuelvo violento.

_____

3. En un instituto de educación secundaria.

(Pida ayuda de forma directa).

> Oye, Laura, mañana tengo un examen de sintaxis y no me entero bien de lo de las subordinadas de relativo esas.

_____

< Cuenta conmigo, tío. Soy una lince en Lengua.

4. En el rellano de un piso de vecinos.

(Pida ayuda de manera encubierta).

> Oiga, María, esta tarde me tienen que traer un paquete que he pedido, pero tengo que ir al dentista.

_____

< Sí, hijo, sí, yo no me muevo hoy de casa. Pueden dejártelo aquí.

EN USO

11 Complete los enunciados con estructuras adecuadas para ofrecerse a hacer algo. Puede utilizar, entre otras, expresiones como las siguientes.

> Me ofrezco a ✳ Estoy dispuesto/a a ✳ Si quieres, puedo ✳ ¿Te apañas tú solo/a?

1. Si necesitas ayuda con la reclamación, _____

2. ¿ _____ preparar el menú de la próxima semana?

3. Me encantaría ayudarte con los preparativos de la boda, _____ colaborar en lo que necesites.

4. ¿ _____ que te recoja en el aeropuerto el día que regreses?

5. ¿ _____ y me encargue yo de la organización del evento?

12 Cambie los enunciados de acuerdo a desacuerdo, o viceversa, según considere.

1. > Mañana no vengo a trabajar.

   < ¡De acuerdo, descansa!

   _____

2. > Mi perrito Jim es buenísimo y mucho más bonito que tu perrita.

   < Puede ser, pero yo no la cambio por ningún otro perro.

   _____

3. > El examen ha sido fácil, ¿verdad?

   < ¡Y que lo digas!

   _____

4. > ¡Inés iba guapísima a la boda!

   < ¿Inés?, ¿guapísima? Eres bastante guasona…

   _____

5. > Hoy pago yo las entradas para el cine.

   < ¡Sí, mujer, sí, me dejo invitar!

   _____

6. > No te olvides de echarle levadura al pastel, que, si no, no sube.

   < ¡Que sí, Clara, que la echo siempre!

   _____

13 Complete los enunciados o diálogos con estructuras adecuadas para intensificar el acuerdo o el desacuerdo.

1. Estoy completamente de acuerdo contigo, _____

2. Yo no podría estar más en desacuerdo con la decisión de la comisión,

_____

3. Tienes toda la razón en lo que planteas, _____

4. > La verdad es que me parece increíble que nuestra selección no haya ganado a Turquía, pero el fútbol es así.

   < _____

5. > Yo sí estoy totalmente a favor de que los perros puedan entrar en los bares, pues considero que son uno más de la familia.

   < _____

6. Pilar está en total desacuerdo con el baremo que le han aplicado,

_____

14 Aquí tiene unos enunciados en los que se pide ayuda. Ordénelos según expresen petición de manera directa, atenuada o encubierta.

1. ¿Podrías ayudarme a elegir las cortinas de mi nuevo salón?

2. Oye, ¿tú sabes coser? Es que me he roto el pantalón y lo necesito para mañana.

3. ¿Vas a ir a comprar esta tarde? Se me ha terminado el detergente de la lavadora y no tengo hoy ganas de salir.

4. Anda, Pepa, échame un cable con la poda de los árboles, que mi hijo no ha podido venir hoy a ayudarme.

5. ¿Piensas estar mirándome toda la tarde mientras plancho?

6. ¿Me echas una mano con la paella?

7. La verdad es que te estaría eternamente agradecido si me revisaras el trabajo de fin de carrera antes de entregarlo.

8. Señora, ¿será tan amable de cambiarme el asiento? Es que me mareo en el autobús y me va mejor estar al lado de la ventanilla.

Petición directa	Petición atenuada	Petición encubierta

15 Una persona cercana a usted padece una enfermedad rara. Escriba una petición de ayuda a los gobiernos y farmacéuticas para invertir en investigación.

_____
_____
_____
_____
_____
_____
_____
_____
_____

16 Usted ha recibido un wasap de su amigo y le comenta que no puede salir porque está de mudanza. Responda ofreciéndole su ayuda.

> Oye, Ángel, no me esperéis, que estoy de mudanza y no me da tiempo de tomarme nada con vosotros. Estoy agobiado, porque son cajas y cajas las que tengo que colocar y estoy solo, mi hermano está enfermo y no ha podido venir a ayudarme.

17 A un familiar suyo se le ha quemado la casa. Escriba un correo electrónico a sus amigos y conocidos pidiéndoles algunos objetos y utensilios para comenzar una nueva vida.

✉   ↩ Responder   → Reenviar   🗄 Archivar   🔥 No deseado   🗑 Eliminar   Más ▾

De:
Para:
Asunto:

_____
_____
_____
_____
_____
_____

18 Lea los siguientes enunciados con expresiones metafóricas y comparativas. Fíjese en el ejemplo y escríbalos sustituyendo esas expresiones sin cambiar el significado.

> *Alberto está como una cabra.* → *Alberto está muy loco.*

1. El examen duró más que un día sin pan. → _____

2. Este marido mío es una tumba. Puedes hablar con libertad. → _____
_____

3. No hay quien aguante a Eduardo, se enrolla más que una persiana. → _____
_____

4. Luis acaba de empezar en la nueva empresa, así que está más verde que una lechuga. → _____
_____

5. Pablo es como un libro abierto. Es tan transparente… → _____
_____

6. Carolina es una mujer de bandera; siempre ha tenido madera de líder. → _____
_____

7. Está gordísimo, pero es que come como una lima. → _____
_____

19 Escriba el significado contrario de las siguientes expresiones.

1. Pasarse el día mano sobre mano   ≠ _____

2. No caber ni un alfiler   ≠ _____

3. Ser una mujer de hierro   ≠ _____

4. Ser más listo que el hambre   ≠ _____

20 En plenaria, debatan sobre una ley para una jornada laboral de cuatro días con reducción de horas y con el mismo salario. Expresen sus opiniones e intensifiquen su acuerdo o desacuerdo con la ley.

¿QUÉ DIGO SI...?

1. Se ha quedado encerrada en el ascensor y pide ayuda:

   _____

2. Se le ha estropeado el ratón del ordenador y le pide a su compañero de despacho uno:

   _____

3. Tiene prisa y pide con cortesía a un señor que le deje pagar la compra antes que él, aunque no es su turno:

   _____

4. Se ha gastado todo el dinero en una fiesta y pide a su amigo, de manera encubierta, que le preste 300 euros:

   _____

5. Se va a la playa 15 días y le pide a su vecina, de manera atenuada, que le cuide las plantas:

   _____

6. Está en una conferencia que es eterna y se lo comenta a la persona que está sentada a su lado:

   _____

7. Usted es taxista y un cliente, al terminar el servicio, le dice que no le puede pagar. Reaccione al desacuerdo con intensificación:

   _____

8. Una colega está realizando un trabajo sobre la historia de los cines de verano en los pueblos. Se ofrece para ayudarla a buscar información:

   _____

9. Fernando le parece una persona oscura, que no muestra su verdadera cara, es lo contrario de:

   _____

10. Su pareja le dice que hace mucho frío en la calle. Usted sale entonces al jardín de su casa y le muestra su total acuerdo:

   _____

OTROS TÍTULOS DE LA COLECCIÓN

PUNTOS FUERTES:

- Sistematización y descripción de cuestiones gramaticales de gran complejidad.
- Incluye temas y aspectos generalmente olvidados o desatendidos en el aula.
- Gran repertorio de textos y actividades que promueven la reflexión lingüística.
- Explicaciones detalladas de los usos y significados de los contenidos gramaticales, teniendo en cuenta el plano supraoracional, el discurso y el contexto extralingüístico.

Vocabulario

Fonética

Escritura

Verbos

Ortografía